商途品标

张月梅／著

知识产权出版社
全国百佳图书出版单位
—北京—

图书在版编目（CIP）数据

商途品标/张月梅著. —北京：知识产权出版社，2025.4. —ISBN 978-7-5130-9808-3

Ⅰ. F760.5

中国国家版本馆 CIP 数据核字第 20250TT066 号

责任编辑：刘 睿 邓 莹　　　　责任校对：谷 洋
封面设计：杨杨工作室·张 冀　　责任印制：刘译文

商途品标

张月梅　著

出版发行：知识产权出版社有限责任公司	网　　址：http://www.ipph.cn
社　　址：北京市海淀区气象路 50 号院	邮　　编：100081
责编电话：010-82000860 转 8346	责编邮箱：dengying@cnipr.com
发行电话：010-82000860 转 8101/8102	发行传真：010-82000893/82005070/82000270
印　　刷：三河市国英印务有限公司	经　　销：新华书店、各大网上书店及相关专业书店
开　　本：880mm×1230mm　1/32	印　　张：10.5
版　　次：2025 年 4 月第 1 版	印　　次：2025 年 4 月第 1 次印刷
字　　数：220 千字	定　　价：58.00 元
ISBN 978-7-5130-9808-3	

出版权专有　侵权必究

如有印装质量问题，本社负责调换。

序　言

　　从中国制造向中国品牌转变的企业，几乎都面对过与商标有关的疑难问题：品牌和商标是什么关系？打造品牌如何打好商标基础？委托商标代理人如何不踩坑？这些基本都是每个企业主关心的问题。但术业有专攻，企业主没有必要去学习专业的商标知识，大可交付于商标专业人士。这一本随笔加百问，笔者尽可能做到有趣、有料、有干货，让读者既可以在喝茶时享受阅读的愉悦、了解商标常识和趣事，又可以在出现问题时找到基本的答案。

　　本书分上下两编。上编的短文均来自我为《创意世界》杂志写的随笔。2020年，应《创意世界》原主编唐晖老师邀请，我开始为杂志写以商标为主题的知识产权类随笔文章，并在编辑范晓华老师的鼓励下一直坚持至今。文章以写作时间排序，每一篇从一个角度探讨了当时关心的热点问题，多少受到了写作时所处环境的影响，倒也从一个侧面成为商标历史的记录。由于杂志的读者多不是法律人，我在写作时力求通俗易懂，可读性强。

下编是商标基础知识100问答。从服务于企业出发，以问答的方式系统简要地介绍商标的基本常识，满足企业了解商标问题的需求，使本书可以作为一本工具书使用。该100问答已被多家商标代理机构和企业作为培训和宣传资料使用，反响良好。

从2014年开始，我已经写了400多篇商标普法文章，基本在我的公众号"张月梅的商标文"发表，部分文章结集出版了两本书。本书虽未收入公众号文章，但亦可作为张月梅的商标文系列的第三本。

感谢10年来，众多读者和支持者的厚爱。感谢普法路上遇到的良师益友的指导和帮助。感谢知识产权出版社的支持。

目　录

上　编

1. 在深不见底的互联网里，我们到底要留下点什么？ …… 3
2. 燕雀要和鸿鹄注册一样多的商标吗？ …………………… 6
3. 问一声：英烈"武大郎"是不是真的？ ………………… 11
4. 做一个聊商标的主播是一种生活尝试 …………………… 16
5. 自己名字被抢注商标后的奇怪感觉 ……………………… 21
6. 网络时代原创证明的日常化 ……………………………… 26
7. 侵权者的委屈与维权者的贪婪 …………………………… 31
8. 关于上涨的商标注册申请量，我想多了？ ……………… 37
9. 看不见的赢与赢之间的差距 ……………………………… 42

10. 可以不"成功",但必须有"成就" ………… 47
11. 商标申请注册的娱乐性 ………………… 52
12. 崛起的新品牌与飙升的商标申请量 …… 57
13. 知识产权犯罪的处罚与认知 …………… 62
14. 保护名牌必须重赔重罚吗? …………… 67
15. 商标人对品牌的自作多情 ……………… 72
16. 商标在互联网时代的新用途 …………… 77
17. 新消费品牌,为了生活更美好 ………… 82
18. 商标共存协议引发的利益分配思考 …… 87
19. 识牌购物就能知道商品来源吗? ……… 92
20. 新 LOGO 与新商标的同与不同 ………… 97
21. 疯狂的造节活动和打不完的商标官司 … 102
22. 商标维权需要法律,更需要智慧 ……… 107
23. 青花椒,调料的烟火气与商标的专业性 … 112
24. 商标案件的合法理与合情理 …………… 117
25. 商标的悲伤可以用"关灯吃面"表达吗? … 122
26. "商业"一词才是商标的重点和核心 … 127
27. 对一起商标维权案的感慨 ……………… 132
28. 侵犯知识产权行为的输与赢 …………… 137
29. 卖真货也能构成商标侵权的理解难度 … 142
30. 一个商标人的不正常感慨 ……………… 148

31. 商标注册，你的名字你做不了主 …………………… 153
32. 地名商标中地名和商标各安其所的难题 …………… 158
33. 角色名称、书名的商标归属 ………………………… 163
34. 巧妙搭车名牌和突破性法律规制 …………………… 168
35. 生生不息的吉祥物努力走进商标世界 ……………… 173
36. 电影名称不是商标但在努力注册为商标 …………… 178
37. 独立的地理标志权总在寻求商标法的保护 ………… 183
38. 高校名称与商标之争的趣味性 ……………………… 188
39. 商标退化成通用名称的悲剧 ………………………… 193
40. 地方特色菜名是品牌但不一定是商标 ……………… 198
41. 阿拉伯数字是商标注册的抢手货 …………………… 203
42. 很多人有同样身份称谓而商标只能有一个 ………… 209
43. 广告宣传语和商标其实没什么关系 ………………… 215
44. 商标注册行为的恶意指什么 ………………………… 220
45. 电视栏目、节目名称是不是商标？ ………………… 225
46. 热爱春天的人们呀，喜欢用花名做商标 …………… 230
47. 不是非它不可，总有一件新商标能够注册 ………… 236
48. 没有一个热词能逃过被申请商标的命运 …………… 241
49. 相伴出现却功能不同的认证标志和商标 …………… 246
50. 商标问题到底是不是个法律问题 …………………… 252

下　编

1. 品牌和商标是什么关系？　259
2. 品牌起名要符合《商标法》的规定吗？　259
3. 创建品牌时需要注册商标吗？　260
4. 商标不注册可以使用吗？　260
5. 使用未注册商标一定要打上"TM"标志吗？　261
6. 注册商标一定要使用®标记吗？　261
7. 未注册商标能冒充注册商标使用吗？　262
8. 注册商标越早申请越有利吗？　263
9. 商标注册审查有哪些程序？　263
10. 商标注册费用有哪些？　264
11. 商标申请书如何提交？　264
12. 注册商标的保护期限是多久？　265
13. 商标可以含有国名、国旗及国徽吗？　265
14. 商标可以含有官方标志吗？　266
15. 商标可以含有"红十字""红新月"标志吗？　267
16. 商标可以含有和民族有关的标识吗？　267
17. 商标可以含有被误认为商品原料品质的标识吗？　268
18. 商标可以包含有宗教含义的元素吗？　268
19. 政治热点的词汇可以用作商标吗？　269

20. 格调不高的词汇可以作为商标使用吗? ……… 270
21. 烈士的名字可以用作商标吗? ……… 270
22. 什么标识天然具有商标显著特征? ……… 271
23. 什么标识不具有商标显著特征? ……… 271
24. 不具有天然商标显著性的标识能通过使用获得显著性吗? ……… 272
25. 企业全称可以注册为商标吗? ……… 272
26. 广告语是否需要注册为商标? ……… 273
27. 自然人姓名可以注册商标吗? ……… 273
28. 自然人肖像可以注册为商标吗? ……… 274
29. 虚拟角色名字可以注册为商标吗? ……… 274
30. 外观设计可以注册为商标吗? ……… 275
31. APP 或者公众号名字是商标吗? ……… 275
32. 地名可以注册为商标吗? ……… 276
33. 颜色组合可以注册为商标吗? ……… 277
34. 声音可以注册为商标吗? ……… 278
35. 三维标志可以注册为商标吗? ……… 279
36. 动画、位置和气味等新型商标能注册吗? ……… 280
37. 地理标志可以注册为商标吗? ……… 281
38. 什么是集体商标? ……… 281
39. 什么是证明商标? ……… 282
40. 驰名商标是荣誉还是事实? ……… 283

41. 驰名商标保护的三个原则是什么？ ……………… 283
42. 什么是商标优先权？ ……………………………… 284
43. 什么是商标国际注册？ …………………………… 285
44. 什么是商标国际注册中心打击？ ………………… 286
45. 在外国注册申请商标需要请当地国的律师吗？ … 287
46. 囤积注册商标会被处罚吗？ ……………………… 287
47. 防御商标受法律保护吗？ ………………………… 288
48. 每个企业都需要注册第35类服务上的商标吗？ … 289
49. 注册商标的通信地址不变更有什么后果？ ……… 290
50. 注册商标不按期续展会有什么后果？ …………… 290
51. 什么情况下注册共有商标？ ……………………… 291
52. 企业注销时注册商标怎么处理？ ………………… 292
53. 注册商标可以继承吗？ …………………………… 292
54. 商标注册后必须规范使用吗？ …………………… 293
55. 一件商品上可以使用多件商标吗？ ……………… 293
56. 多件商标组合使用时应该注意什么？ …………… 294
57. 商标为退化为商品名称吗？ ……………………… 294
58. 注册商标不使用一定会被撤销吗？ ……………… 295
59. 商标使用了也可能被撤销吗？ …………………… 295
60. 什么样的证据能证明商标已使用？ ……………… 296
61. 服务商标使用在什么地方？ ……………………… 297
62. 商标有哪些实现价值的途径？ …………………… 297

63. 受让商标要注意哪些问题? ·············· 298
64. 商标许可要签订许可合同吗? ·············· 299
65. 三种商标许可方式有什么区别? ·············· 299
66. 被许可人使用商标产生的商誉归谁? ·············· 300
67. 商标出资要注意什么问题? ·············· 300
68. 商标质押要注意什么问题? ·············· 301
69. 商标维权必须主动提起吗? ·············· 302
70. 商标初步审查和驳回复审有什么区别? ·············· 302
71. 启动商标异议程序有什么后果? ·············· 303
72. 注册商标无效宣告和撤销有什么区别? ·············· 304
73. 商标标识不近似就不构成近似商标吗? ·············· 304
74. 发现他人申请注册和自己商标近似的
    商标怎么办? ·············· 305
75. 自己在先使用的商标被他人抢注了怎么办? ·············· 306
76. 商标被他人登记为字号怎么办? ·············· 307
77. 企业字号和他人不知名商标一样时怎么办? ·············· 307
78. 商标和域名发生纠纷时保护原则是什么? ·············· 308
79. 他人把自己的作品抢注为商标怎么办? ·············· 309
80. 为什么有的商标"分明是侵犯他人的在先权利"
    却还能维持注册? ·············· 309
81. 什么行为是侵犯商标专用权行为? ·············· 310
82. 制止侵权时要作行为保全吗? ·············· 311

83. 商标侵权赔偿如何确定? ······ 312
84. 什么情况构成滥用商标权? ······ 312
85. 侵犯商标权可能涉嫌犯罪吗? ······ 313
86. 被指控商标侵权后怎么办? ······ 314
87. 被控销售侵犯商标权的商品后,什么情况不能适用合理来源抗辩? ······ 315
88. 什么是商标权利用尽? ······ 316
89. 确认不侵权之诉指什么? ······ 316
90. 商标维权向电商平台投诉要注意什么? ······ 317
91. 向行政机关进行商标侵权行政投诉时,投诉人要做什么准备材料? ······ 318
92. 出口保护商标权要做海关备案吗? ······ 318
93. 商标行政裁定和决定可以诉讼到法院吗? ······ 319
94. 调解方式解决商标纠纷有什么优点? ······ 319
95. 仲裁方式解决商标纠纷有什么优点? ······ 320
96. 商标案件审理为什么坚持个案性原则? ······ 321
97. 企业要建立商标使用证据档案吗? ······ 322
98. 企业需要设立专人管理商标事务吗? ······ 322
99. 处理商标具体事宜要委托商标代理人吗? ······ 323
100. 赢得商标案件的基本原则是什么? ······ 323

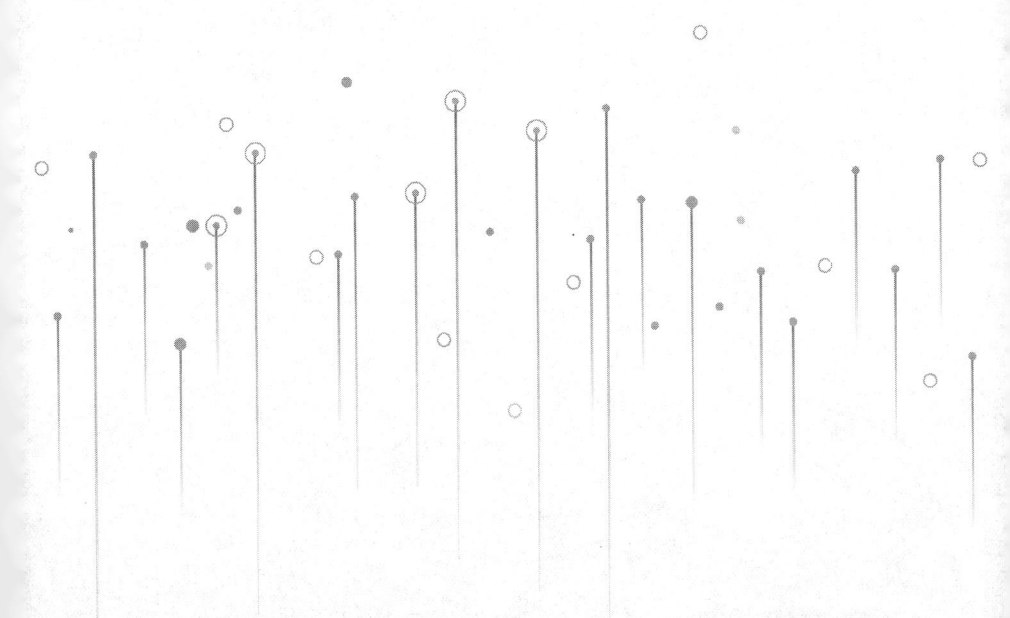

| 上 编 |

1. 在深不见底的互联网里,我们到底要留下点什么?

> 赢了自己的一个途径,就是去尝试体验那些心心念念却没有实现的生活。唯有那样,我们才能在互联网上留下最真诚的声音,而这些声音,可以沿着岁月的线轴,超越生命而存在。

从来没有一个时代像今天一样,时间、空间都不能阻隔一个人与另一个人的联结。我们有意或无意间扔在网上的每一行文字、每一张照片、每一句声音、每一次点击,都会在意想不到的时刻,成为另一个人的人生的一部分。你不知道你会影响谁,谁又会影响你。

因此,不得不思考:在深不见底的互联网里,我们到底要留下点什么?

毫无疑问，生活在智能时代的我们，经常把生活的痕迹留在了互联网上。我们的每一次通话、每一次购物、每一次游戏、每一次浏览、每一次出行、每一次朋友圈互动等都被记录了下来。两百年前的先辈需要做到"了却君王天下事"的功绩，才能"赢得生前身后名"。如今的我们，只要一部手机就可以自觉或不自觉地"青史留名"。

基本没有人会被历史彻底"遗忘"。互联网永不消失的记忆，或许会让千年以后的人，轻易地从互联网的黑洞里清晰地看到我们的生活印迹，详细到某时某刻在哪里喝了一杯咖啡。

这应该算幸运还是不幸？或许根本不需要讨论这个问题，因为这是个不可变更的事实，我们在享受互联网带来的便利与舒适的同时，就把自己留在了互联网里。

唯一还可以控制的是，我们要在互联网里留下怎样的自己？要不要有一点创意？是只成为一个普通的数据，永远沉在深深的网洞里，还是成为一种特别的声音，时不时被人打捞起倾听？

我相信，更多的人愿意被听到。互联网的伟大之一就是，再小的声音也能被听到。这也是我一直能够坚持写作的原因。当按下回车键一分钟后，就可以看到数据，显示文章已经被阅读，就觉得自己和这个世界紧密相连，就知道自己的声音已成为他人世界的一部分，而那些阅读也成就了我的人生。所以，十年间我写了四百多篇普法文章，出版了两本书，录制了三百个普法短视频，努力给这个世界留下自己的独一无二的声音。

能被听到激发出更多想被听到的欲望。我都没办法遏制自己往网上扔东西的念头。我很佩服那些从来不发朋友圈动态的人，虽然他们大都是为了保护自己的隐私才谨言慎行，但这种对自己负责的态度本身也是对他人负责的行为。不制造网上垃圾和废品，算得上是对互联网起码的尊重。

单从尊重这个角度讲，一个人往互联网上扔什么就是一个需要认真对待的问题。

而我们的人生，需要的不仅有尊重，还有意义。虽然意义因其虚不可见常常缺少一些存在感，但意义从来没有缺席过人生，常常让人体会到一种不枉此生的"成就感"。就像知识产权一样，很多时候并不体现为可触可摸的"实物"，却经常会带来实实在在的"利益"。

特别是随着年龄渐长，多数人自然生出了两个害怕：一是怕老；二是怕死。我看到每个人坚定地以自己的方式与岁月抗争，想要拖延岁月带来的必然结局。但谁都知道，没有人能赢得了岁月，能做的，只是努力地赢了自己。

赢了自己的一个途径，就是去尝试体验那些心心念念却没有实现的生活。唯有那样，我们才能在互联网上留下最真诚的声音，而这些声音，可以沿着岁月的线轴，超越生命而存在。

即使作为小人物，我们只蛰伏在互联网深不见底的某个角落里，也希望未来的某一天，某人不经意路过的时候，不仅知道我们喝的那一杯咖啡是什么滋味，而且，他会惺惺相惜地说："对，就是这个味。"

2. 燕雀要和鸿鹄注册一样多的商标吗？

> 活成一只燕雀既不是失败也不是无奈，只要是真实的自己、有个性的自己、有贡献的自己，就算是一只燕雀，也依然不枉此生。

聚会上，一场对话让我感触颇多。

朋友 C 说："以为心怀鸿鹄之志自己就是鸿鹄了？满大街一眼望去，基本上都是土麻雀。"

朋友 H 说："关键是，所有的土麻雀都认为自己是鸿鹄。"

本来我们在讨论一个商标专业的话题，至此，我的兴趣点完全转到了燕雀和鸿鹄本身上来。在这个燕雀"更知"鸿鹄之志的时代，好多人本来生为燕雀、死为燕雀，却自以为是鸿鹄地活了一回。这是幸运还是不幸？

我不知道答案，但我知道燕雀要做鸿鹄之事这个现实已经渗透到我们多数人日常的生活中，大幅地在改变着我们的社会运行机制。

当时我们在聚餐，本是那种没有主题的只想喝点小酒、聊个大天的为聚而聚，可聊着聊着就说起了商标的事，讨论起商标注册申请量不断增加的困局。

我提出的解决之道是，对于那些以非固有的、独创性很强的臆造词汇和标志来申请注册的商标，如果已作为品牌实际使用，行政机关应当加大力度予以保护，主动在所有商品和服务上都禁止他人注册相同商标，确保只此一家独占该商标。

朋友 C 坚定地反对。作为商标圈的知名专家，她的理由有着充分的法律依据，这岂不是直接给予其驰名商标保护？凭什么法律要给一个刚刚使用的品牌以驰名商标保护？谁能保证这个品牌就一定会成为驰名商标？

我理解她的质疑，因为在现行法律框架下，只有驰名商标才可能享受在多个商品和服务上的独占保护，而且还不是在注册申请环节，只是在商标异议和无效宣告程序中。而普通的商标，保护范围通常只局限于同一种或类似商品或服务。

可是，现行规定直接导致很多企业为了不让别人注册和使用自己的品牌，主动先在全部商品和服务上注册商标。不要说大公司的申请注册量是成千上万，就算是只开个小吃店，店主也绝对不想让他人分享自己的品牌，要在所有商品和服务上申请注册几十个商标，坚定地表现出想要独占品牌的决心。虽然不管注册多少个商标，大公司真正使用的也不过几个；若只开个小吃店的话，基本也就一个。但这种大量的不使用只申请注册商标的行为，严重浪费了本来就有限的行政、司法资源。

导致这种疯狂注册商标行为的主要原因是时代变了。互联网时代，让数不清的普通人一夜网红，也让太多的小店几天成名。拼多多成立不到三年已在美国上市，海底捞的一个普通女服务员如今身家数十亿元，等等，一大批看得见也摸得着的活生生的传奇故事，营造出一种现实超越梦想的效应。

榜样的力量是无穷的。即便此时身上只长着几根短小的羽毛，大鹏展翅九万里的梦却在众多的燕雀心里日夜翻腾。以至于每个开小卖店的人都在计划着很快就要开几百家连锁店、大型超市，甚至是跨行经营。很多公司还没成立，已经想着两年后估值几个亿。

燕雀是小鸟，本来并不需要很大的成本来经营自己的鸟窝，但在鸿鹄大志激励下，动静就搞得很大，大量申请注册商标只是其中一个表现而已。只是动静大的事一般费的劲儿也大，大多数燕雀完全不能应付，勉强撑着，常常就心力交瘁，生出许多焦虑和烦恼来。就算那些没有勇气搞出大动静的燕雀，望着那些已经飞得又高又远的鸿鹄，也一颗焦躁的心始终仰望天空，以至于无法平静地享受自己檐下的安宁生活。

我并不是说燕雀就不能心怀"鸿鹄之志"，只是觉得燕雀最好不要生鸿鹄之欲。虽然说梦想总是要有的，但以我这只燕雀的见识，实现的可能性不及万分之一。互联网时代固然能让更多的人站得高、望得远，有机会一展宏图，但长出一双大翅膀还得靠内功。或者生来就是鸿鹄，或者努力成长用功。拼多多创始人本来就是只猛禽，能坚定信心地在海底捞工作25年的服务员，也绝不是什么普通的麻雀。

遗憾的是，无论是从先天的智商讲，还是从后天的努力看，绝大多数人注定是燕雀，而且作为燕雀，本身就限制了自己的想象力，套用那句古话，"汝非鸿鹄，安知鸿鹄之志？"很多燕雀的"鸿鹄之志"本就是缺乏坚实基础和缜密逻辑的空中楼阁，完全没有付诸实践的可行性。最后的结局常常是，怀着自以为是的"鸿鹄之志"也依然只是一只燕雀，既不可能飞出鸿鹄之高远，又不安心于燕雀之眼前。人在此处，心在彼处，脸上全是沧桑，眼里写满迷茫。

感谢这个好时代，随着营养的改善和科学的进步，燕雀有机会一天天强健自己的筋骨，充实自己的羽毛，可以更好地御风而行。但对于飞得有多高远的期望还是须尊重自然之道，一切应该回归常识。常识就是"有多大能力做多少事情""一分耕耘一分收获""天上不会掉馅饼""不空谈，不妄想，办实事"等。长成鸿鹄才会如鸿鹄般展翅，身为燕雀只会像燕雀一样飞行。

这是个喧嚣的时代，是风来了站在风口的猪也会飞的时代。这个时代里起心动念的燕雀不知，自己不是鸿鹄是社会的集体选择和心智结构导致的。当风停了，繁华的泡沫幻灭，随处可见的是燕雀的悲歌。又因本是燕雀，这悲歌也并不能传得太远，最后不过是自生自灭。现实中这样的例子太多了，创业失败者和投资失败者，很大的原因是追求了自己所不能及的利润。

超出能力的欲望就是贪婪。贪婪总能"毁人不倦"。年轻时，我觉得要写惊天地、泣鬼神的文章，不鸣则已，一鸣惊人，很多年没有去写什么仅是人间日常聊的文字。四十岁以后，终于认识到作为燕雀，我根本不可能发出响彻四宇的鸣叫，能吐出些叽叽啾啾已算幸运。开始凭着燕雀的小心思，写普通人听得懂的大白话，慢慢地也出了两本书，倒觉得自己活出了一只鸟的独立姿态来。

其实，这个社会本就是由众多的燕雀和少数的鸿鹄组成的，一个全是鸿鹄的世界是不真实的，也是不可想象的。活成一只燕雀既不是失败，也不是无奈。只要是真实的自己、有个性的自己、有贡献的自己，就算是一只燕雀，也依然不枉此生。作为燕雀，开一个小店小厂，注册几个商标，不傍靠他人，不胡乱维权，专心做自己的小品牌，同样让人尊敬。

3. 问一声：英烈"武大郎"是不是真的？

> 因为不知道扔到互联网里的哪一句话就能一石激起千层浪，所以，看似可以随意发言的互联网其实更要求人们谨言而慎行。

事情是由一份商标驳回决定通知书引发的。该通知书驳回了对"武大郎"商标的申请。

我第一次看到这张驳回决定书是在一个商标人的专业群里，然后是朋友圈里，接着就是几个完全与商标无关涉的朋友私信我，并问了同一个问题：这是真的吗？

我的回答都一样：这是真的。这份驳回通知书是真的，这个英烈叫武大郎也是真的。

可就算是他们相信我的回答是真的，还是不能理解，武大郎应该是武松那个卖炊饼的哥哥啊，难道不是吗？

武大郎是人们耳熟能详的《水浒传》里虚构的人物，但也是英烈武大郎的名字，在中国重名是很常见的事情呀！

哦，审查员知道的可真多呀。

审查员知道的也不太多，不过就是出于工作的要求，必须知道2018年4月27日第十三届全国人民代表大会常务委员会第二次会议通过的《中华人民共和国英雄烈士保护法》。该法第22条第2款规定："英雄烈士的姓名、肖像、名誉、荣誉受法律保护。任何组织和个人不得在公共场所、互联网或者利用广播电视、电影、出版物等，以侮辱、诽谤或者其他方式侵害英雄烈士的姓名、肖像、名誉、荣誉。任何组织和个人不得将英雄烈士的姓名、肖像用于或者变相用于商标、商业广告，损害英雄烈士的名誉、荣誉。"

所以，审查员检索了中华英烈网，找到了英烈武大郎的名字，于是驳回了这件商标。事实上，这不是商标局以烈士名字为由驳回的第一个人名商标注册申请，只不过之前那些名字实在没有武大郎的形象如此鲜明且家喻户晓，所以也只是谁被驳回谁知道。

只是这一次，虽然烈士武大郎不知名，但卖炊饼的武大郎名气大到足以引起关注，先是朋友圈，然后是自媒体，接着是新浪、腾讯等网站，纷纷报道和评论这份驳回决定书。随之，烈士武大郎的知名度实现了一个重大跃升，同时被广泛认知的还有这部《中华人民共和国英雄烈士保护法》。

其实到现在我也不清楚烈士武大郎的光辉事迹，但既然已经被列入烈士名录，应该值得尊重，不允许作为商标使用也是合法的。只是，在之前已经有多个"武大郎"商标注册了，那时还没有《中华人民共和国英雄烈士保护法》，商标局应该也就没有查过英烈的名字，所以认为本来就是虚构的市井之人"武大郎"用作商标在市场上流通也是可以的。

但该法通过之前也并不是所有英烈都可以注册为商标，那些知名英烈的名字也一样以会带来不良影响为由被驳回了商标注册申请。只是，《中华人民共和国英雄烈士保护法》通过之后，对英烈名字的保护更加严格起来。所以，对于商标局来说，之前核准注册"武大郎"商标也没有问题，而现在驳回"武大郎"商标也没有问题。

我个人十分敬仰英烈，但也认为"武大郎"就算是用作商标也没有什么问题。因为对于普通大众来说，熟悉的是《水浒传》中的武大郎，而基本不知道英烈武大郎，那么在使用"武大郎"商标的时候也就完全不存在对英烈的不敬之意。就算是因为这份武大郎商标驳回决定书的炒作，现在知道武大郎也是英烈的名字的人可能多了一些，但比起熟悉《水浒传》的人来说，大概数字之小还是可以忽略不计的。

但我认为商标局坚持驳回这件"武大郎"商标的申请也讲得通。在一个标识作为商标使用时会不会有不良影响这个问题上，行政机关更多的是引领价值导向，商标局可以坚持对英烈致以完全的敬意。反正无论是否准予这件商标注册使用，都会有人存在不同的意见。让我感慨的是，有人来问我这份驳回决定书是不是真的。

我想向这些朋友表达我的敬意，因为他们在发表意见之前能先努力确定事情的真假,这是互联网时代相当可贵的精神了。这些年网上以讹传讹的事情发生得实在太多了,无论哪一件事,如果大家能先确定一下真假再传播的话,那就会有不一样的结果。

我很理解大家看到这份决定书的下意识疑问:武大郎是英烈,开玩笑吧?这很正常,毕竟我们太熟悉那个卖炊饼的武大郎了。在武大郎炊饼如此有名的情况下,给孩子起名"武大郎",父母确乎要有不一般的勇气。但世界之大,无奇不有,总有些人不是一般人,做着不一般的事。所以,有一个英烈也叫"武大郎"的事实就存在了。

这的确是个小概率事件。但小概率事件也是会发生的,新闻每天追求的就是类似"人咬狗"的小概率事件。但因为小概率,就和大多数人的常识产生了矛盾,显然有点"不可思议"或者"不通常理",也因为不被理解而无端受到指责、批评甚至谩骂。网络暴力已经成为当下最容易让人受伤的根源之一。

我曾经在朋友圈看到一位相当"有学问"的法律人的两个转帖,头一天转发某帖时配文大骂文中主人公,第二天又转发另一帖辟谣头一天的帖子,大骂造谣之人。看起来似乎做得很到位,但实际上头一天转发的谣言已经给当事人带来了伤害。

互联网给予每个人发声的机会,这真是这个时代赋予普通人的一份大礼。珍惜并慎用这个机会,既是对自己的尊重,也是对这个社会的贡献。因为不知道扔到互联网里的哪一句话就能一石激起千层浪，所以，看似可以随意发言的互联网其实更要求人们谨言而慎行。

看到那些"匪夷所思"的消息时，先努力求证其真实性，这本来是件最寻常之事，但在互联网时代真的是一种可贵的品质。所以，我不仅不反感那些问我的人，反倒对他们更多了一份尊敬。

"多的是你不知道的事"，这句话很朴实，却是我一直提醒自己牢记的一句话。所以，面对所有的事情，如果不能确定其真伪，不如先悄悄问一句：这是真的吗？

4. 做一个聊商标的主播是一种生活尝试

> 只要在我自己的直播间里，就算一个人唠叨，占住的好歹也是自己的地盘。

生活的改变总是在猝不及防间。大概没有人会料到让人类社会的运行方式急速发生变化的，是肉眼都看不到的小小的病毒。我不知道新冠病毒从哪里冒出来，又将消失在哪里，但毫无疑问的是，想要彻底赢得和病毒的战斗，需要每个人行动起来。除去一线的医务人员，其他人参与的重要方式，就是努力保持这个世界的正常运转，继续做自己该做的事。

作为商标人，我能做的就是一如往常地普及商标法。过去在写普法文章的同时，我还做现场的培训与分享，如今病毒关上了现场聚集交流的会场，却打开了线上直播的新窗。在人过半百之后，我晋级成为一名专门聊商标的大妈主播，着实兴奋。

直播不是新鲜事。只是过去遇到大事要事才直播，认真而郑重，只有个别人能够有条件、有权利站在直播的话筒前，但现在只要有一部智能手机，就敲开了直播的大门。据说，每天上线直播的人数以千万计，已经到了"凡有饮水处皆可直播"的程度。只是对于我这样的从事法律行业的大妈来说，直播还算新潮，在朋友圈说我要直播了，同样的大妈们个个认为我"城会玩儿"。

虽然我这个人脸皮比较厚，不在乎别人的评论，思想上能接受直播，但觉得坐在镜头前直播还是件需要慎重对待的事，也觉得技术上有点难，迟迟行动不起来。直到朋友邀请我在他们的直播间做讲座，远程帮我把直播间装在我的电脑里，我才算真正坐到了镜头前。

总有人会对形势的变化做出迅速的反应，就算是最讲规则稳定性的"呆板"法律人。几乎在一夜之间，我的朋友圈每天都有若干个法律直播讲座的推送。以至于有人问我到哪里学习商标知识的时候，我直接就给了直播的链接。想到有人可能把我的直播链接也这样地推荐给了朋友，内心生出一点小成就感。

俗话说，三句话不离本行，更何况直播要说三百句不止。我当然还是主要聊知识产权，聊商标的各种事。在别人家的直播间里做了六次直播后，我置办了补光灯、摄像头、三脚架、话筒等直播设备，又花998元买了一套教直播的网上课程，学习如何做好直播。3月18日，我终于开通了自己的快手直播，正式开始主播生涯。

我也算是经过演练后才正式登场，之前的六次直播让我感受到了直播的力量。其中五次是自己在讲商标法，一次是主持了一个"三八节"线上沙龙，讨论了知产女性职场发展话题。这次沙龙结束后，一位女律师写了两千多字的感言，让我深切地看到了直播对他人的影响。而3月5日下午，在知产逻辑的腾讯直播间，我戴着口罩聊商标抢注现象，看着在线人数从100名上升到4000名，情绪也随着数字的攀升越来越兴奋。虽然和那些动不动就有千百万人围观的大主播相比，这是一个很小的数字；但作为直播新手，第一次全国各地的几千人同时听我说话，还是让我生长出一大片被认同感。重要的是，在结束了一个半小时的聊天后，直播间的工作伙伴说我天生就是个做主播的料。欣喜地发现天生我材还能直播用，我还暗自得意了一下。

不过这份得意没能带到我自己的直播间里。我首次在快手的直播只有12个人来，其中还有5个是亲朋好友捧场。我还没有学会操作，把手机设置成了横屏，结果听众的留言却需要竖屏看，我的头像和文字成了90°角，着实别扭。三位朋友急着提醒我，看我不理睬留言，又微信提醒我，十分钟后我终于明白了怎么回事，把手机竖了起来。好友们还不停地留言配合我的话题，小红心更是点个不停。半个小时的直播结束后，感动多过激动。

直播最直接的感受是对着手机镜头里的自己聊天。经过多重美颜后的那张脸至少比梳妆镜的自己年轻了十岁，明知道这是个"幻术",还是更喜欢镜头里的肤白脸尖大眼睛的那个女人。有意思的是,第一次直播后,一位久不联系的朋友居然微信我,夸赞我越活越年轻,任我解释这是美颜的效果,人家还是表示为我没有变老而高兴。看来,为了让朋友们觉得我人未老、心还热,我的直播事业也得进行到底了。

当然,真正让我做直播的是想让更多的人了解商标,了解知识产权。做的依然是普法的事,只不过换了个形式而已,算是与时俱进吧。事实是,我们这一代人,一直在被动或主动地追着时代的脚步,还时不时地被看成落伍的人。我现在以一个法律人的身份进军直播业,多少也带着一种跨界后一切从头再来的豪迈感。

我一直认为,把知识产权看作小众话题真的没有道理。品牌时代,根本离不开商标,可是关注商标的人却那么少。我曾向好几个做直播业的老师请教过,像我这样讲商标的话,做直播会不会有前景。人家都客气地回答:会有啊,不过有点难,毕竟小众行业嘛。我听得出人家没有信心,但内心还是很不服气,不自觉地就生出了"我就要做给你看看"的斗志来。

其实我心里也没什么底气,毕竟在我的直播首秀场里,除去捧场的家人好友,只有个位数的粉丝。虽然我的微信公众号粉丝快3万人了,可在我18日开通直播时,我的快手粉丝才21个人,不过,今天已经过100人了。很显然,作为一个专讲知识产权的主播,到粉丝上万人,还有漫漫长路在前头,我大概率还要承受足够长时间的郁闷。

只好鼓励自己总算勇敢地迈出了第一步，开始就是好事。只要在我自己的直播间里，就算一个人唠叨，占住的好歹也是自己的地盘。慢慢地一定会有更多的人加入，让这一方天地变大变厚变丰富。这么一想，又生出一种开疆拓土的勇气来。

实践证明，仅有勇气是不够的。这篇文章初写于2020年，距结集出版本书已经过去4年。4年里，我先后在快手、抖音、视频号等平台共做过公开直播100余场。由于没有法律执业资质，我的商标法内容的直播被平台禁止，现在只在微信群里直播。最终，我还是没有开拓出自己直播的疆土。

5. 自己名字被抢注商标后的奇怪感觉

> 证明自己是"名人"是件很荒唐的事情,尤其对于像我这样的一直知道自己是个小人物的人来说。

不知道是不是每个人都有成为名人的梦想。年轻时,我一心想着写一部成名的小说,可到如今也没有写出来,而且也没有了写出来的信心,早就接受了自己就是个普普通通的人,"名人"绝对是别人。

但是2019年的某一天,我突然有了一种需求,必须证明一下自己还是个"名人",不是写小说的名人,而是写商标普法文章的"名人",因为我的名字"月梅"被他人抢注成了商标,指定使用在知识产权咨询等服务上。这事让我的处境变得尴尬起来。因为说自己是名人吧,表现得既不谦虚又有那么点不符合事实，我的微信公众号粉丝只有3万人，离"名人"的差距实在太远了。要说自己没有名气呢，就不能把这件抢注的商标打掉，而基于各种理由和证据，我又可以确定这件"月梅"商标的注册申请，就是抢注我的名字。

维权还是不维权？我最后选择了维权。如果一个天天讲商标保护的人，自己的权益受到侵犯的时候都不维权的话，就实在太过讽刺了。但这么做也真的遭到个别人的指责，认为"月梅"这个名字如此普通，重名的如此多，我这么做是"小肚鸡肠"。我倒也不在乎个别人的看法，更多的人还是坚决地支持我维权。只是作为当事人，我的感觉相当奇怪。在我见过无数商标抢注的事实之后，在一件普普通通的商标抢注案件面前，在这件事真正地落在自己的身上时，我体会更多的不是愤怒、伤心、生气，而是无奈感、无力感、无趣感。

证明自己是"名人"是件很荒唐的事情，尤其对于像我这样的一直知道自己是个小人物的人来说。我从没体会过"名气"是什么，又意味着什么，不觉得自己的名字值得注册为商标，也没有去申请注册商标。但有人抢注商标这件事，反倒证明我是个"名人"了，名字有了商标的价值。朋友开玩笑说："恭喜你，已经名气大到被抢注商标了。"更有意思的是，在我表明要坚定地维权之后，那个商标注册人表示要撤回"月梅"商标的注册申请，这反倒更加证明就是抢注行为。

商标撤回注册申请后，我也就没有开展维权的理由了，也不用再去证明自己是不是名人了，还真的松了一口气。抢注商标这事似乎只能这么不了了之。但余波未平,朋友们的主动关注和调查,让我发现了另一件让人大开眼界的事情。有不止一位朋友亲自去了那个注册"月梅"商标的申请人的营业地址,还拍了这个地址的照片给我。这个 20 平方米左右的临街铺面,目前是一家婚纱摄影店。还有朋友通过天眼查发现,在这个地址上,先后有 950 家个体工商户的名单,仅仅近一年内就登记了 112 家个体工商户,经营者姓名均不同,除去已经注销的,目前依然存续的有 83 家。

我不知道 83 家个体户如何在一个 20 平方米的店铺里经营办公,也不懂个体工商户登记注册的事情。据说,一个地址只能登记一家营业主体。不过,我的一名粉丝告诉我,抢注他的天猫店铺名字为商标的那个个体户的注册地址上,一共登记了 1000 多家个体经营户。

看到这些事实,我又能怎样?也不敢断定这些数据能证明什么。虽然内心确信事出反常必有妖,但是树妖还是狐妖,狼妖还是狒妖,需要更多的数据和证据支持。就算现在是大数据时代,很多数据也公开了,查起来很方便,注销过的企业也有迹可循,但调查也需要付出人力、时间甚至财力,我付得起又付得值吗?

就算我是个懂商标法的业内人士,其实能做的事情依然十分有限。无论是商标的注册还是个体经营户的登记,都是在现行法律框架下进行的。虽然法律也给予了正当权利人救济途径,比如发现别人抢注商标后,可以向商标局提出商标异议申请和无效宣告请求,只要证据充分,也能得到行政支持，但维权成本肯定大大超过了抢注人270块钱的成本，加上时间成本及精神上的损失，维权还是不维权，永远是需要认真衡量的事情。

  为了用最小的成本保护自己的利益，很多企业采取在先大量注册商标的办法来避免他人抢注。我也多次被劝告去注册商标，发生被抢注的事情之后，有几个朋友更是怀着一百个对我负责的态度，再次劝我去把名字注册商标。这也是个很纠结的局面。一来自己就是法律人，当然要按照法律规定办事。我国《商标法》明确规定"自然人、法人或者其他组织在生产经营活动中，对其商品或者服务需要取得商标专用权的，应当向商标局申请商标注册"。我不从事生产经营活动，显然不需要商标专用权，如果申请商标注册的话，是不符合法律规定的，总不能知法犯法、知行不一吧？但是，如果我不去注册，别人就会去申请注册，我又不得不维权。二来我没有资格申请注册商标，因为商标局规定，自然人注册商标需要有个体户营业执照，我没有。

  其实，作为一个个体，我仅凭姓名就足以行走天下了，注册不注册商标，真的对我不重要，但也不意味着别人可以把我的名字注册为商标。就像我没锁好门，也不意味着别人可以理直气壮地从我家偷东西。不管我锁不锁门，偷就是偷，警察也会立案查办。只是解决小偷问题从来不简单，作为个体，似乎最好的办法还是多多加锁，虽然根治绝对靠的是齐抓共管、严惩不贷，让小偷因害怕付出太高代价而不敢偷。

  事不关己，痛不彻底。不管我处理过多少商标抢注的案件，又为多少案件咨询提过建议，依然没有像现在这样，实实在在地成为案件当事人后，感受到的那种奇怪处境，明明知道应该怎么做，又很不情愿那么做，但还是得去那么做。被动维权的人，大概都是有着若干的无可奈何吧。

做法律其实常常让人觉得人生无趣得很。这世上大路千条，可是却总有人选择那条损人利己的路走，事实上最后的结果大多还是损人不利己。不知道这些人是如何从这种事情中得到乐趣的，我甚至由于职业原因而知晓了更多恶意侵权的事情，都失去了很多快乐。

6. 网络时代原创证明的日常化

> 本来法律规定挺明确的事情，为什么发生了越来越多的所谓作品著作权权属不清的纠纷？因为总有人在扯谎，把不是自己的东西说成自己的东西。

创作者的开心都是一样的，却有着各自的困扰。

一位朋友在阅读微信公众号时，发现一篇文章里的大段文字和插图是自己的原创作品，署名却是别人。他以前经常在微博发一些照片和文字，后来因为某种缘故，又把这些微博都删掉了。现在看到别人把他以前的照片、文字都拿来放在了公众号上，问我这种行为是不是侵犯了他的著作权？我问他：有什么证据证明这些照片和文字都是他的原创，证明之前那个微博网名是他？他说一下子还真找不出什么证据。

作为原创者,他需要证明"我是我,我的东西是我的东西",听起来都有点不讲道理的感觉,尤其客观上的的确确"我就是我,我的东西就是我的东西"的情况下,当事人常常觉得这种证明完全是"多此一举",又冤又烦。但对于互联网时代的创作者来说,证明某件文字作品、图片作品、视频作品是属于自己的,是自己的原创,变得越来越日常化。

有利益的地方就有纠纷,利益集中的地方,纠纷就特别多。如今网络成为实现利益的主战场,而网络上能吸引眼球的绝大多数内容,包括文字、图片、动画、视频、音乐等,都可能构成作品,涉及著作权问题。这些作品的作者是谁,这些作品产生的利益归谁,变得越来越被关注,各种法律战、口水战热热闹闹起来。

一个确定的客观事实就是,网络上的文字、图片、音乐、视频等,都不会是凭空产生,总有一个最初的源头,由一个人或一组人创作出来。虽然并不是所有上传到网上的东西都能构成著作权法保护的作品,但一旦达到受著作权法保护的标准,著作权就从作品产生那一刻自动产生,既不需要谁来批准,也不需要公告天下,谁创作的作品,权利就归于谁。

本来法律规定明确的事情,为什么发生了越来越多的所谓作品著作权权属不清的纠纷?因为总有人在扯谎,把不是自己的东西说成自己的东西。从这一点来说,提交证据的目的其实是测谎,只是法律上不这么说,法律上是证明主张的事实。

时间一往直前的特性,使得证明一个过去发生的创作事实并不总是容易的。尤其网络时代的作品，很多并不是有形的正式出版物，在创作过程中也没有实物手稿。有时就如我朋友一样，照张相片就直接发微信朋友圈、个人微博或者抖音上了，然后过几天又删除了。如果各种网名换来换去，这期间作品被他人拿来各种转发，再想证明自己是原创作者，就真的很难拿出有力的证据证明"我是我，我的东西是我的东西"。

认识不到位，没有注意到保存证据，是产生无法证明的一个原因。但就算有了认识，也刻意保留了证据，有时依然还是很难清楚地证明我的作品是我的原创。因为能撒谎说别人的作品是自己的，也就能假造一堆证据，比如原创的草稿、设计图、第一次发表的时间、创作合同等。特别要说的是著作权登记证书，就算证书本身是真的，但上面记载的内容依然可能是假的。由于我国实行著作权自愿登记制度，登记机关不会在登记时对权属等作实质审查，证书上记载的创作者、著作权人、创作完成时间和发表时间，都是登记人自己说的。

因此，著作权纠纷处理起来就有相当的难度，对法官的判断力提出了很高的要求，是对法律、逻辑、常识、经验等综合能力的考验。法官在证据审核时所采的优势证据原则，在学理上称为高度盖然性原则，这是审核、认定民事证据的一般标准，就是当证明某一事实存在或不存在的证据的分量与证明力比反对的证据更具有说服力，或者比反对的证据可靠性更高，由法官采用具有证明优势的一方当事人所列举的证据材料认定案件事实。

所以法官也有自己的忧虑，就算尽一百二十分的心不想犯错，也不能保证每一次认定都是正确的。但经过法院审判的著作权官司好歹最后总还有个确定的说法，这个判决对于创作者和使用者来说都有章可循，起码可以平息纷争。但对于那些并没有走上法庭，只被键盘侠"审判"的创作者来说，证明"我的作品是我的作品"就有一种百口莫辩的难处。

有一位平面设计师和我聊过他面临的尴尬。他在设计一件作品前，要上网查查都已经有些什么作品存在，以防止自己和人家的作品"撞车"，在设计完成后还要再查一遍，担心和别人的作品雷同。就算作品是自己费尽心思的原创，一旦作品的创意、构图、用色、视觉效果等和他人的作品相似的话，就可能被扣上抄袭的帽子。而在使用简单元素设计简洁图案时，比如设计商标 LOGO 时，完全一样确实难谓巧合，但创意接近还真常见。虽然只要能证明作品是自己的原创，即使和他人作品相似，法律上也不构成侵权，但对于一位有理想的设计师来说，被他人扣上抄袭的嫌疑也是不能接受的。

使用作品的媒体人和广告人最大的忧虑则是莫名其妙就成为侵权者，而不得不越来越小心谨慎地使用网上得来的素材。对于已经习惯从网上抓来内容就用的人来说，把"可能侵权"这样的概念根植于脑海中，也是走了一个比较艰难的过程。而推动这个过程的还不是原创者，而是以打击侵权为生意的维权团体。现在收到一张告知涉嫌侵权的律师函，已经不是件少见的事了。

创作是一件艰难的事情，也是一件开心的事情。对于创作者来说,虽然也会享受创作的过程,但更注重创作的结果。我在写这篇文章时也不会把修改的过程都记录下来,只想要最后的成品。但网络时代的大范围的抄袭行为却逼迫创作者必须重视创作过程的留存,以便来证明"我是我,我的作品是我的作品"。

  无论从哪个角度讲,这都是让人悲哀的现实。但不管事实如何,创作者的脚步都不会停下,只是还要学会把每一步的脚印也保留下来,以证明这条路是我走过的。

7. 侵权者的委屈与维权者的贪婪

> 虽然侵权者确实犯错在先,但过度承担责任的结果,并不能让赔偿者感受到法律的公平与正义,只会产生怨恨和不解。

一位朋友最近被告上了法庭,原因是她的微信公众号用了网上的四张图片,被指控侵犯他人著作权,要求赔偿对方一万多元。她在第一次开庭过后,气愤地向我表达了她的不满和不解。

四张照片都来自网上,她是在2015—2017年使用的。四张照片属于四个不同的所有人,这些人于2018年之后才委托某公司进行维权。2020年以来,她先后接到该公司5个人的电话谈索赔和解的事,每个人的要价也不同,高的要2万元,低的要5000元。5个人有一点倒是一致,就是都明确告知她,如果不接受和解，就诉到法院，也真的诉到了法院。

她不理解的是这些照片都在网上放着，也没有标注不得使用，这么多年大家都习惯了从网上找照片使用，也没有人说这是侵权行为。她只是做了和别人一样的事情，而且过了好几年了，怎么突然就变成侵权行为了？而且这些照片其实也算不上多么艺术，只是正好符合她文章的风格就使用了，而且她的公众号文章阅读量也就几百，根本没有什么收益，也谈不上给对方造成多大的损害，凭什么要几千元甚至上万元的赔偿金？

在她看来，这家图片公司的出发点根本不是维权，就是敲诈钱财，一张普通照片的正常稿费不过也就是百八十块钱，现在张口就是成千上万元，显然是在图谋不正当利益，而且相当贪婪。这些作者的委托协议都签订在她使用图片之后，这家图片公司有什么权利追诉之前的侵权行为？

而且四张图片是四个案件，案情基本一样却要开庭四次，为什么不一次就解决问题？法院是不是就为了诉讼费才搞得这么麻烦？开四次庭分明没有考虑到当事人的情况，这么做明显是为那些不当得利的人撑腰，法律到底是保护谁的利益？这家图片公司的行为俨然和以前的某图片公司是一个套路，法院为什么要坚持它？

总而言之，她觉得实在委屈。

我理解她的困惑。这也不是她一个人的困惑，从近几年兴起的专业团队知识产权维权以来，不少人都遇到了这样的问题：不经意间就成了侵权者，成了被告，且大都如她一样，从心底里没有侵犯他人知识产权的故意，也没有攀附他人名气的想法，甚至那些照片的作者名气还不如她的名气大，所犯的错误只不过是习惯了"免费"使用网上资源而已。

我能做的只是尽可能——解释。首先法院绝对没有为了诉讼费而多开庭的想法，一来诉讼费的收入并不归法院；二来法院尤其是北京的法院案件多到法官都想哭的地步，能少一件对法院都是"福音"，而且类型相近的案件对法官来说毫无吸引力，因为太没有挑战性而变成十分无聊的程序性工作。之所以必须开四个庭，就是因为人家分别起诉了四次，而且每次原告还不同，所以只能这么办。程序合法对于法院来说至关重要。

关于这家公司有没有权利提起诉讼，虽然没有看到具体的委托协议，但我想肯定是有的，法院能够立案且开庭，说明程序是没有问题的。如果起诉资格不对，法院根本不会立案。但只要立案了，不管结果怎样，是不是支持原告的诉讼请求，法院都得开庭审理。

侵权的事实也是肯定的。对于权利人来说，除非法律有明确的规定，否则不声明放弃就代表可以行使权利，所以就算网上没有声明不经授权不得使用，也不能得出结论可以随意使用。这么多年大家习惯了网上免费自由使用他人的作品，似乎也没有出什么问题，这并不是因为我国没有著作权法，而是绝大多数权利人没打算追究侵权责任。我国《著作权法》1990年就通过并实施了，不过无论是权利人还是侵权人，对这部法律的了解都太少了。

而且对于普通人来说，把照片放在网上的目的就是传播，有人能够使用高兴还来不及呢，谁还会主张侵权？再说主张权利也是件很麻烦的事，普通人也不愿意为一张照片去打个官司。法律意识淡漠加上传播的乐趣，导致这么多年大家都养成了自由免费地使用网上资源的习惯，仿佛网上的东西只属于网上，没有一个"正主"似的。

但近年来，突然冒出了相当多的侵权纠纷，比较典型的就是如我的朋友这样的著作权侵权案件。其主要原因只有一个：打这种官司很赚钱。于是产生了一大批专业的维权队伍，基本操作手法就是找到图片作者，签订著作权授权协议，然后再找使用这些图片的人索赔，索赔金额一张2000元上下，视侵权方的情况确定，拿到钱后再和作者分成。

而且绝大多数时候，也不需要真的通过诉讼到法院的途径，只要给侵权人发个侵权函就行。因为很多侵权人其实是不愿意打官司的，一来害怕有侵权官司的记录，二来如果请律师的话，律师费也不比赔偿费低，不如赔钱了事。我的一位同学是一家大公司的法务，曾告诉我他们公司的公众号小编不小心用了他人5张图片，因为不想打官司，收到侵权警告函后赔了人家两万元了事。虽然她也认为，这赔偿金实在太高了。

这也是我的朋友收到好几个电话的原因。因为对方根本就不想上法院，只想通过几个电话解决问题，降低成本。朋友告诉我，虽然开过庭了，她也准备通过调解了结此事，一次性把四张图片都赔了，省得开四个庭。她认识到自己确实是侵权了，但她也认为对方确实是讹诈。

  作为知识产权法律人，我是立场坚定地主张维权的，对于侵犯知识产权的行为要坚决制止，但是这样的维权方式和结果让我极度不舒适。侵权赔偿一向是填平原则，即损失多少赔偿多少，即便是当下强调的惩罚性赔偿，也是建立在侵权行为人主观恶意明显的前提下。对于像我朋友这样的侵权者，不过是出于对法律的无知和从众的习惯性行为，认识到侵权后只要及时停止侵权，象征性地给予对方一些赔偿即可。实话说，那些随意放在网上的图片，本来就是免费让公众欣赏的，其作者本没有以此图片谋利的目的。之所以现在成规模地出现"维权"行为，是因为维权变成一项有利可图的生意，而且利润颇高。

  只要利润足够，就会有人前赴后继地涌入这个行业。现在知识产权维权的队伍一直在蓬勃壮大，表面看起来是件好事，推动了人们对知识产权的认知，但以谋取超额利益为目的，这个维权就离法律的初衷走得远了点。法律保护的应该是正当的合法权利，现在合法是没有问题，但获利的正当性真值得怀疑。抓住一些不敢不愿打官司的心理，要挟很高的赔偿金，总是有一点讹诈的味道。虽然侵权者确实犯错在先，但过度承担责任的结果，并不能让赔偿者感受到法律的公平与正义，只会产生怨恨和不解。真正的著作权人也不会体会到权利受到尊重，从而受到鼓舞而投身于创作之中，而是更多地发现这里有获取暴利的空子；于是对法律更感兴趣，而不是对创作更加用心。

至于像我这样的法律人,则感到迷茫而不适。良法还需要良用,才会实现其良好的立法目的。如果法律和法院都成了被利用的工具,那真是一声叹息。我能做的却仅仅是,告知每个人,切勿把网上的东西拿来就用,免费的,常常可能是最贵的。

8. 关于上涨的商标注册申请量,我想多了?

> 一向旗帜鲜明反对囤积申请商标的我,居然帮助某个囤积者卖出了一件商标,有一种背叛了自己的感觉。但朋友是真心实意的创业者,帮助创业者解决商标问题又是我的原则之一。

进入2020年7月以来,"涨"成了我关注的一个重点词。洪水暴涨,股票大涨,商标注册量也在上涨。2020上半年商标申请量为428.4万件,而2019年上半年,我国商标注册申请量为343.8万件。看起来全年申请量超过去年的783.7万件没有什么悬念。事实上,我认为上千万件申请也是有可能的。

作为北方人,看到这个夏天有人因大涨的洪水失去了家园,心里着实为他们难过,同时也庆幸自己没有生活在洪区。作为老股民,股票上涨带来了账面上的浮盈,感觉自己挣到了今年的买菜钱，一边满心欢喜，一边又害怕某日大跌变成一场空。作为商标工作者，商标注册申请量的高涨一方面说明企业普遍知晓了商标注册事宜，算是一种进步；另一方面说明商标投机依然严重，实在是种悲哀。在一个"涨"字的背后，是起起伏伏的心情和说不清楚的焦虑。当下很少出门交际，生活足够安静，但日子并不平静。

二十年一遇的大洪水，放在历史的长河中也是正常的，五年一波的大牛市，对于股市的运行来说算是必然的。全世界的洪水和股市都会时不时地大涨一下，但一年有七八百万的商标注册申请量，却是商业社会的商标注册制度诞生上百年来，中国独此一家的新鲜事。

多种原因催生了商标的狂热注册。本来注册商标的目的是保护在市场上使用的品牌。商标不经使用成为品牌的话，商标仅仅是个纸上标记，不应该有什么价值。但显然我们并没有那么多需要保护的品牌。截至2020年6月底，我国有效注册商标量为2741.4万件。没有人会主动做亏本的事，高涨的注册申请量本身就说明注册商标有利可图，而且不是蝇头小利。

资本从不放过任何一个可乘之机。把商标变成一种投资品，这大概在多数人的意料之外，但真的成为事实后再去反思，又觉得是在情理之中。在几百元注册的一个商标可以轻松上万元甚至上十万元出手的暴利之下，没有蜂拥抢注商标现象才不正常。从抢新股、抢房子、抢茅台酒等各种"抢"中看到"来钱容易"的中国人来说，抢占商标资源成本如此之低，简直是给普通大众开了一扇发财之门。

各个层面都看到了商标抢注带来的危害，也采取了诸多措施，但也许立法者太过善良且本分了，低估了投资者的聪明和贪婪。2019年，为了遏制注册商标囤积倒卖的泛滥，我国甚至专门修改了《商标法》，但现实证明新法的作用显然有限。

疯狂注册商标带来的利益不仅是主动转卖商标挣钱，还包括被动保护商标的省钱。因为大量傍靠名牌现象的存在，知名或者走在通往知名路上的品牌方，为了在市场中维持自己品牌的独占性，采取了注册大量"防御商标"的策略。有时是几十件，有时是上千件，比如为了保护"淘宝"这个品牌，阿里巴巴公司注册了1500多件包含"淘"字的商标。而某大厂的法务则公开说，比起打侵权官司来，提前拼命注册商标是最经济划算的。

我一直认为，离开了品牌，商标其实没有什么意义。在市场上活跃的是品牌，所有的商誉、价值、情感也都是赋予在实实在在使用的品牌上。没有让消费者信任的品牌，注册多少商标也无助于经济的发展、财富的创造和民众的幸福。不过，在当下，每年有几十万件商标转让，本身成为市场经济的一部分，虽然确实不创造财富，但确实创造了富人。

存在就有其合理性。从这一点讲的话，我们甚至不能说洪水有百害而无一利，洪水是河流自然清淤的方式之一，而这些淤泥又极大地肥沃了两岸的土地。

股市更是为企业提供了巨额的资金投入实业中，活跃了市场。但防洪依然是日常不可松懈的任务，而股市有风险也已成为人们的常识。防洪还是泄洪、投资股票还是远离股市，出发点只有一个：哪个更有利于自己。

所以，商标也是利益的选择而已。钱永远是个好东西，一本万利和短时间暴利都是追求财富的人梦寐以求的。突如其来的疫情深刻改变了世界，却没有阻止中国商标注册申请量的增加，可见这利益是看得见、够得着的。

更让人吃惊的是人们对这种现实的适应和接受。有的人认为既然商标注册申请是依法进行的行为，那么就是可以接受而不应该受到谴责，也真有人理直气壮地写万字长文阐述其注册几千个商标对社会的贡献，其中之一就是可以为有需求者直接提供注册商标而省去了其注册的麻烦。完全忽视的事实是，如果没有这么多的在先注册商标的话，那些真正需要使用商标的申请人本来可以很顺利地花费极少的金额通过自行申请获得注册商标。

现在真正创建品牌的企业却需要高价购买注册商标，而且人们似乎认为这是个行业惯例。我已经不止一次接受朋友咨询哪里可以买到需要的商标。前不久，一位朋友打算生产老年人的奶粉，需要一个品牌，就打算直接买一个现成的注册商标。我一向对转让注册商标的事讨厌至极，这明显助长了那些囤积注册商标行为，但朋友的忙还得帮，我介绍了另一个商标代理朋友给他，等于又促成了一桩商标转让的买卖。

现实就这样把每个商标人都裹挟进来，不管是愿意还是不愿意。一向旗帜鲜明反对囤积申请商标的我，居然帮助某个囤积者卖出了一件商标,有一种背叛了自己的感觉。但朋友是真心实意的创业者,帮助创业者解决商标问题又是我的原则之一。我应该是做了一件对的事,但可能同时也形成错的效应。这让我觉得自己也应该对商标申请量的上涨负一点责任。

我是多么渺小的个体,仅做了一点点的事情,扯上商标申请量上涨的责任问题真是有点不自量力。但近两年听到了太多次这句话:雪崩的时候,没有一片雪花是无辜的,以至于下意识地高估了自己存在的意义。

可能真是我想多了。只是这个7月我实在没有办法不关注高涨的洪水、大涨的股市以及上涨的商标申请量。不管我的存在与这些"涨"有没有关系,这些"涨"也成了我生活中的一部分。我也很想不焦虑,但就是哪里"不对不应该"的感觉实在带不来更好的感受。也许,我想多了。

9. 看不见的赢与赢之间的差距

> 能力强的律师确实会更多地打赢案件，但并不意味着每个赢了的案件都是因为律师能力强，有的赢得专业，有的赢得勉强，有的赢得运气。

2020年8月，我担任四川省商标代理人大赛的评委。复赛试题是写一份商标无效宣告请求书，这是我出的题目。在审阅41份复赛试卷后，我意识到，如果我是审查员，除去几份没有写完的申请书，其他申请书不论写得多与少，文字是否通顺，都能让我作出对诉争商标宣告无效的结论。也就是说，这些申请书都会得到一个成功的结果，这些商标代理人都可以骄傲地对委托人说：这个案子赢了。

但这是考试，作为阅卷者，我并没有给出几个高分。因为这份卷子中给出的事实涉及三条法律规定的适用，能够想到并清楚论述三条法律适用的人只是个位数，试卷上少写一条就会扣去20分。实践中，写出任何一条都足以让这件诉争商标宣告无效，可以赢了这个案件，但考试中，只有写出三条法律适用的人才能得到好成绩。

能在考试中获得好成绩的人，无疑水平足够优秀，但没有获得好成绩的人，也一样可以胜任本职工作，赢了案件。只不过在赢与赢之间，还真有着一条、两条和三条法律适用的差距。只是这种差距，除了阅卷老师，一般人包括代理人自己有时也很难知道。

生活中充满了这样的例子，尤其是在法律界。能力强的律师确实会更多地打赢案件，但并不意味着每个赢了的案件都是因为律师能力强，有的赢得专业，有的赢得勉强，有的赢得运气。

多年前，我代表原商标评审委员会出庭，坐在被告席上，看着原告律师在那里滔滔不绝地诘问，内心非常地不以为然。因为他说得空而不当，且该案是遵循前案的审理结果，前案就是当时的合议庭审理的，该案当然会和前案结果一样，判决商标评审委员会赢。然而，最后的判决结果却是商标评审委员败诉，只是这和原告律师的表现一点关系也没有，原因是该案适用的关键法条，最高人民法院在另一起与该案无关的案件中给出了新的解释，法官只是不得已跟着最高人民法院的判决重新审理了该案。

我一直在想，那位原告律师一定很为这个案件得意，毕竟他的官司赢了，而且是让同一个审判庭推翻了前案的法律适用赢了,看起来真是了不起的成功。原告大概率也觉得这位律师十分了得,毕竟在前案中,上一位律师输了。我不知道他们是如何庆祝胜利的,只是感叹了一下自己的运气如此之差,又输了一起案子,虽然这完全不是我的错,与我的能力也无关。

以成败论英雄,是一种简单到本能的判断逻辑。毕竟不是每个人都有机会看到过程,就算是看到,也不一定有剖析过程的能力。有实力的人确实大概率最终表现为事成了,钱挣了,名就了,生活幸福了。只是在这个充满不确定性的世界上,并不是所有的结果都是由实力决定的。

这一点在股票市场表现得最为淋漓尽致。牛市一到,遍地都是自以为是的股神。看着账户上钱的数字不断增加,大多数人会觉得这是自己的能力和眼光所得,大多数人也会给出炒股能力高的评价。我看到某"股神"在微信公众号上的一篇推荐股票的付费阅读文章,每人268元,居然有7000多人付费。不知道这位"股神"最后真的是不是能从股市上挣到钱,写文章倒确实是收到了真金白银。我想这些付费用户之所以会认为这个写文章的人炒股有实力,就是因为他晒出了自己的账户。几年前的牛市中,一位朋友就这样被同学的账户所吸引,抵押了房子把钱交给同学去炒股,最终赔了个精光。正是应了那句话:靠运气挣的钱,最终会靠实力赔回去。

我经常在朋友圈看到有商标代理人和律师在晒商标注册证、法院判决书,以表示自己完成委托人的托付,也显示自己的能力。这些商标注册证和判决书基本上显示不出赢在哪里，就算有所显示，法律圈外的人也看不出门道来，分不出适用一条法律和三条法律的区别。对于外行来说，很难辨别哪个律师对法条更精通、哪个医生的医术更精湛、哪个理财师实力更雄厚，最后很多人选择了"眼见为实"，只是这个"实"却未必是实力的"实"，鸟衔来的种子也会发芽生根开花，最后结出果实。内功在种子，跟鸟无关。

现实中，人们不仅喜欢以成败论英雄，还常常对"成功"的人给予不切实际的信任，仿佛在某一方面能成功就意味着这个人什么都懂都能做好。这种没有根据的信任也常常让某些人自以为自己可以掌握全部真理，时不时就跳出来指点江山，诲人不倦。我看到某个靠写鸡汤文字成名的人滔滔不绝地评论医学，声称自己四十岁后研究中医已大成，居然也有人虔诚地听他的胡言。以我的所见，术业有专攻，大多数人也只能在自己的领域里有所得，在其他领域中有时和一个外行也差不多。就算是真的以结果论英雄，这个英雄也只是某一领域的英雄。

我很不接受把专业人士分为初级、中级、高级的方式，这样分类既不科学也不正确。解决任何专业的问题，都要求业务精湛，就算问题真的很简单，但判断出这个问题简单本身就需要不简单的功力。称得上专业人士都应该是全面掌握该专业知识的人才，一知半解绝对算不上专业。并不存在会看普通感冒的医生和会治流感的医生之分，因为所有复杂的问题的最初表现可能都很简单，流感的表现初看起来也和普通感冒相差不多。只是同样的"感冒症状",有的医生可以发现是新病毒,有的医生则只能开出感冒灵。一眼能够透过表象看到本质的才是真本事,而所有专业的事情,都必须在看透本质后才能给出最恰当的解决方案,哪怕最后真的只是普通感冒,需要的也只是一剂感冒灵。

  大多数人没有能力分辨结果来自运气还是能力,或者这能力属于三道题都对还是一道题成功,但我们在生活中还是不得不选择相信谁。尤其在一个快速运转的社会,我们总需要在极短的时间内决定是否可以信任一个人、去做一件事。我自己的想法是,一方面抱着谦卑的心态,把专业的事情交给专业的人去做;另一方面抱着怀疑的态度,向着最好的目标努力但做好接受最差结果的准备。

10. 可以不"成功",但必须有"成就"

> 如果做的是自己内心不认同的事,就很难把它当作自己的事来做,也难以产生乐趣,更不会尽全力把事情做好,也就不太可能取得成就。

2019年,我录制了一套较为系统完整的商标法普及音频课程。由于商标法相当小众,这样的课程挣不了钱。这套课程上线5年,也确实没有卖出多少,经济收益远远对不住我付出的劳动。2023年在这套课程的基础上,我又编写《商标基础知识一百问》,依然没有多少经济收益。现把它收入这本书里。课程也好,读物也好,都是我的工作成就。

做这些事让我心生满足。我早就知道自己力量微小而无力,做不成什么大事,完全放弃了对"成功"的追求。我只在自己的能力范围内做点不让自己为难的事,能影响几个人算几个人。我相信心怀善意的普法文章总比某些故意歪曲事实的胡说八道好。恰巧我喜欢写作和演讲，用文字和语言普及商标法，过程本身就是让我开心，所以可以不考虑收益如何，一分钱的收益都是额外的奖励。同时想到自己的普法客观上帮到了企业家和创业者，能够让他人的生活变得更美好，就觉得自己的人生变得充实而有意义。不管这种感觉是不是阿Q式的自我安慰，但这种心态真的让我把普法工作轻松地做了十来年，颇有成就感。

抱着为自己做事的态度，容易坚持两个原则，一是快乐原则，二是尽力原则。我对文字有着莫名的偏爱，对创作有着不由自主的激动，写作过程让我开心，写作成果给我满足。完成这套音频课程后，我一看居然有14万字之多，顿时觉得自己做了一件了不起的事情，很对得起自己。

我见过很多工作着的人不快乐，其中一个重要的原因就是觉得自己在为他人做事，在做自己不喜欢的事，缺乏成就感。最近一个朋友又一次谈到了辞职，其实她的工作在大多数人眼里已经相当不错，有地位、有收入、很稳定、不太忙，属于求而不得的那一类。不少人劝她三思而后行，但我听到她说出的理由之一就是这份工作让她不快乐后，就立刻支持她离开。

别人劝她谨慎的一个重要原因就是收入问题，生存还是重要的。重新找工作可能收入更高，也可能收入会变低或者不够稳定，这确实值得考虑。但她不存在没饭吃的风险，毕竟是资深的专业人士，也没有房贷。对她来说，做事是否快乐，是否有成就感，成了最重要的一个问题。如果做的是自己内心不认同的事，就很难把它当作自己的事来做，也难以产生乐趣，更不会尽全力把事情做好，也就不太可能取得成就。

我这里说的成就，并不是他人眼里的成功，不是荣华富贵，不是出人头地，而是那些能让自己觉得人生有意义的东西，可能很值钱，也可能与钱无关，可能光芒四射众人皆知，也可能默默无闻只我看到，是在安静的深夜里让自己可以心满意足地凝视的那种创造出的东西，可能是一个物件，可能是一幅作品，可能是一只小狗，可能是一张笑脸，等等。这些成就，本质上不关乎外在，但就是能让自己的内心充盈着喜悦、安宁和此生足矣的欣慰。

作为一个普通人，我认识的人基本也都是普通人，过着普通的日子，虽然没有所谓的成功，但在我看来很多人都是有成就的。我的一位朋友退休半年了，画了四百多幅自家小狗的漫画。一位同学坚持了两年的健身，收获了富有弹性的肌肉。更有一位律师朋友45岁才转行做专利律师，52岁时出版了一本20万字的专利专著。

漫画没有发表，健身的结果也不足以参加健美比赛，专利图书社会影响力并不大，但正是这些"不成功"的成就，让他们成为他们想要成为的人，感受到生而为人的意义所在。聊起来时，我总是能从他们的表情和言语中，感受到一种"我有此成就，足以慰平生"的欣然来。

成就真的是一种非常个人的体验。有时契合了社会的价值评价或满足了社会的需求，成就便直接显示为成功，有钱、有名、有位、有威。能有这样"成功"的成就是幸运的，就像雷军，创企业、创品牌、创产品，都实现了。但更多的时候，成就总是有那么点生不逢时的际遇，离"成功"很远。

创作者是最容易体会到成就感的一群人了。对于绝大多数创作者和发明家来说，是很难体会到成功的，但几乎每个人对自己的作品和发明都珍爱而自豪，有着浓浓的成就感。一位七十多岁的好友经常把他的诗发给我，在我看来这些诗文不好不坏，但他显然乐在其中。这些诗虽然发给我读，但他首先是为自己写的。我相信，这些诗让他的人生变得有意义。

其实只要是自己认同的事情，每一项平凡的工作都可以让人感受到成就。有次我参加一个活动，头一天到会场熟悉情况，遇到一位承办会务的三十多岁的女性。她认真地把桌子一排排地摆成一条直线，把桌上的文件袋也摆在同一位置，从最后的一排望去也是一条直线。然后，她带着一种欣赏艺术品的满意笑容，安静地环视着整个会场。我被她的神情吸引，笑着一直看她。她感受到了我的注视，对我笑了笑说："看到桌上的文件摆得整整齐齐，地上的电线都平平整整，整个会场合理有序，太有成就感了！"

我见惯了各种会场，自己也组织过、布置过会场，但从来没有体会过她表现出的那种成就感，但我相信她的话和她的感受。我说："看得出，你是真喜欢这项工作。"她点点头说："我喜欢。"我也相信正是这份喜欢，让她把布置会场这样普通的事做出成就感来,因为她从来不觉得这是别人的会场,她觉得这是"我的会场",是在为自己做事。

　　为自己做事的时候,人是最用心的。这是一个朴素的真理。但很多人没有意识到其实每一件事都是为自己而做,哪怕是那些"被迫"做的工作。我一直坚信人总有选择,根本不存在"没得选"这一项,就算是在最困难的时候,既然选择活着,选择做事,那么不管什么事,也都是为自己而做。工作从来就是生活本身,生活里的大事小事则完全是自己的,认真地竭尽所能地把事情做好,就是对自己人生的负责,就会有源源不断的成就。

　　当然,能够有机会寻找自己更加认同的事情做,肯定更幸运,也更容易自然而然地产生为自己做事的体验。我也希望我的朋友可以很快找到更适合她的工作,早日获得成就感。人生其实就是个过程,只有在这个过程中创造出能留在世间的各种各样的成就,才能让每个人的存在显出一点不一样的意义来。

11. 商标申请注册的娱乐性

> 在万事可娱乐的网络狂欢时代，各种商标粉墨登场，常常自带了一种刻意营造不出的娱乐效果。

商标是个法律概念，商标申请本应是严肃的法律事宜，似乎和娱乐性应该没有什么关系。但在万事可娱乐的网络狂欢时代，各种商标粉墨登场，常常自带了一种刻意营造不出的娱乐效果。作为商标人，我几乎可以通过商标圈就知道当下热点，因为没有名人和热词能逃过商标的关注。

我第一次听到"耗子尾汁"这个词，就是看到朋友圈的商标人纷纷刷屏"耗子尾汁"商标申请的事，搜索才知道原来是"好自为之"的方言。而说出这个词的人正在互联网上红得发紫进而紫得发黑。本来我对武林功夫是完全不关注的，现在也不得不知晓这点江湖恩怨。

人见人爱且我见也爱的丁真的阳光笑脸，我也是从商标申请的事知道的。某一天早上我的朋友圈都在转发"丁真"商标被抢注的事。一件商标的注册申请是不是抢注行为，严格说要等商标局审查后作出结论才能确定，但公道自在人心，没有一颗朴实的心能容忍这么好看的笑脸居然不能享有自己的名字商标。其实姓名权是私权，只要本人同意，谁都可以用来注册商标。但某些"丁真"商标注册申请人显然与"丁真"八竿子打不着关系，还大言不惭地叫卖"丁真"商标，就算丁真本人可忍，吃瓜群众也不能忍。

商标界总是第一时间关注如丁真这样火速走红的名人，也没有忘记那些代表一群人形象的名词。"打工人""干饭人"，作为群体形象一夜火遍全网，商标网也是互联网的一个组成部分，自然也必须有这些词的一席之地。不仅"打工人"申请了商标，连"打工鹅"都一起荣登商标榜上。伴随这些新词商标申请的，是一个老词反复被商标圈提及，那就是"洪荒之力"。几年前"洪荒之力"这个词走红之后，被某人迅速申请注册成酒等商品上的商标，据说后来卖了上百万元。由于这上千倍的利润几乎没费吹灰之力，展现出的就更是一种"美梦成真"的荒诞感，增强娱乐效果的同时还带出成功学的"励志感"。

好歹"洪荒之力"这个词看着还像个商标，或者说属于一般民众习惯的品牌。但"秋天的第一杯奶茶"怎么看也是一个长长的直白描述，离传统的商标表现形式相去甚远。不过只要够火够流行,"秋天的第一杯奶茶"也一样被不少人用来申请注册商标。有的人更具发散性思维,还申请了"秋天的第一把狗粮""冬天的第一顿火锅""冬天的第一口西北风"等。大家这么齐心协力地为商标注册量添砖加瓦,要的似乎就是这娱乐性,至于能不能注册并不是重点。

娱乐精神的一个重要表现是自嘲,商标申请在向娱乐性靠近的路上也绝不能缺乏这一点。有人在茶等商品上申请了一件商标叫"二百五",同时还有一个人的头像(应该是申请人自己的)。250作为一个数字在生活中不可避免,但我这个普通人还是努力避免。上周搬家时,工人要250块钱费用,我都主动给了251元,就是觉得比250元多一点也是好的。作为商标人,我对自己如此缺乏娱乐精神深感惭愧。但如果我还是审查员的话,我还是会把这件商标驳回申请,包括什么"二货"等。娱乐可以,但作为商标总得保持住格调。

娱乐精神不只来自网络界,正正经经的企业界更有创意。蒙牛公司和可口可乐公司联合成立了可牛了公司,"可牛了"商标也随后跟上。商标圈对此寓意巧妙的创意是一片盛赞。作为国内乳业另一巨头的伊利,反应也很快,转眼就成立了伊知牛公司,当然"伊知牛"商标也绝不落下。双方就这样不花什么钱,仅仅通过申请商标的娱乐性,就把品牌宣传得众所周知。

也有公司自己和自己玩儿。特步公司的"特步"品牌在体育服装界有一席之地,他们就在服装商品上又申请了商标"特不服"。"特不服"显然比"特步"更容易让年轻人传播,网友们的评论最多的是"特别服",于是特步公司顺手也把"特别服"拿去申请了商标。不知道"特不服"或者"特别服"会不会真的在市场上使用成为品牌,但确确实实为"特步"赚了一波话题。

也不是每个公司都主动开心地娱乐着商标。海底捞公司申请了"池底捞""湖底捞""海底捞鱼""海底捡"等一大批商标,是在官司失败之后的举动,这也激起了众多看客的同情。因为与河底捞的官司中,一审法院判定"河底捞"商标的使用并没有侵犯"海底捞"商标的专用权。海底捞公司愤而行动,申请了上百件分别包含"海""底""捞"文字的商标,表示要坚决捍卫这几个字的所有权。一部分人把这作为保卫商标权的案例向各个企业推广,使得商标注册量继续大涨有了新理由。只是我作为一名前审查员,看着2020年商标申请量再创新高突破900万件,还是默默期望这种苦中作乐的娱乐项目还是少上演一点更好。

把各种文字和话语都占为商标,好像已成为不少个人和公司捍卫权利(扩张权利)的一个共识。歌星周某申请了45个"少管我"商标,据说这是他的口头禅。电商主播李某某则申请了声音商标"oh my god,买它买它!"这些话是生活中的口头禅,本来和商标没有半毛钱关系,现在居然也花钱费事地申请了商标。这些名人不缺懂法的人来支招,申请商标应该不仅仅是为了娱乐性。反正我不知道这些商标申请实现了什么目的,也就不妄自揣测了。

有时娱乐性就来自严肃的法律本身。"武大郎"商标的注册申请被商标局严肃地驳回后，一度成为"吃瓜"群众哈哈大笑的来源。因为驳回理由是"武大郎"是革命烈士，用作商标会产生不良影响。本来这个理由完全没有错误，革命烈士那么多，有一个就真叫"武大郎"。2018年通过的《中华人民共和国英雄烈士保护法》明文规定烈士英名不得作为商标使用。但卖炊饼的"武大郎"实在太深入人心，以至于人们不想不愿接受这个名字居然是革命烈士。

　　我也不想接受商标居然具有娱乐性，但还是时不时地笑出了声，不管这笑的后面有多少无奈甚至痛心。人就是这么肤浅，看热闹的时候从不嫌事大，事到自己头上则另当别论。商标作为一种商标标志，作为市场上品牌的法律保障，离开实际使用本应没有存在的价值。现在商标申请本身就变得如此热闹，真的超出了我这个法律人的想象力。变化是不变的真理，也许我也应该适应时代的脚步，习惯商标的娱乐新功能。好吧，且走且学习。

12. 崛起的新品牌与飙升的商标申请量

> 所有的选择都是在特定的情境下作出的，哪怕这个选择本身也是下策，但只要还有下下策和毫无对策存在，下策看起来也就有了意义和价值。

钟薛高、完美日记、三顿半、王饱饱、云耕物作、米客、森林先知、水茫茫、元气森林、小仙炖、认养一头牛、榴芒一刻，这些新品牌中，除了半年前有年轻朋友请我吃过一次钟薛高雪糕，其他的都是在2021年春节期间才关注到。

其实都算不得很新了，多数品牌已经上市三四年，成为现象级产品，同时伴随着相当励志的各种创业故事。

完美日记是美妆产品，于2017年3月面世，主打消费群体是"00后"。产品进行了一系列的时尚营销活动，两年后包揽了天猫2019全年大促彩妆冠军，成为首个登顶天猫"双十一"彩妆榜的国货品牌。

三顿半精品速溶咖啡（SATURNBIRD COFFEE）成立于 2015 年，以工艺创新的冻干咖啡粉为卖点。据介绍，用户将咖啡粉倒入冰水或牛奶中，就能即刻得到一杯好喝的冷萃或拿铁咖啡。2020 年，三顿半力压雀巢、星巴克两大巨头，跃居天猫 6·18 冲调类销量第一，"双十一"期间更是获得冲调和咖啡类目销量第一的好成绩。

王饱饱麦片于 2018 年 5 月成立上线，2019 年 9 月至今一直是天猫麦片类目品牌第一。它切入了麦片的细分赛道，并以低温烘焙、搭配大颗粒果干和酸奶块等为产品差异化策略，依靠 KOL 营销以及消费者自发地通过小红书、下厨房、微博等渠道推广宣传。

云耕物作是红糖品牌，公司的名称相同，成立于 2017 年，以女性为主要消费对象。米客的产品是米酒，主要致力于围绕"80 后""90 后"新生代人群的饮酒需求。森林先知是一款果冻，号称有机健康可减肥。水茫茫和元气森林都是饮料品牌，小仙炖是燕窝品牌，认养一头牛是奶粉品牌，榴芒一刻是蛋糕品牌。

在互联网市场下，新品牌崛起的速度相当快。天猫商城上，2020 年"双十一"就有 360 个新品牌，成为细分行业第一名。添可拿下洗地机 Top1，宝宝馋了是婴童零食 Top1，火鸡成为餐具消毒机 Top1，奶糖派得到大杯文胸 Top1，几光占了无限音乐台灯 Top1……

这些新品牌都是围绕年轻人去做的，基本是通过互联网数据的精准传播，细分人群，定位准确，通过讲故事在特定人群中进行免费流量与免费内容的分享。在人以群分的网络社群时代，作为年过半百的中老年人，我不知道这些品牌也很正常。

但这些品牌崛起的真正原因还是中国互联网搭建好了低成本创业的"商业基础设施"，且从各个方面都具备良好的品牌发展条件，从产品研发的创新能力、数字技术、数字化营销、市场、供应链的力量，到文化自信提升，年轻人对国货认同感增高，这些都让中国新品牌有了腾飞的可能。

资本更是推波助澜。2020年11月19日晚10点半，完美日记母公司逸仙电商在纽交所正式上市。首个交易日股价大涨75%，市值突破百亿美元。这对新品牌的创建者来说无疑有着巨大的榜样作用。有人认为，完美日记的上市具有划时代的意义，意味着新型公司正从"中国制造"到"中国品牌"以及"新型零售"跨越。

这些内容都是我最近学习了解到的。作为商标人，我刻意地了解新品牌，就是想知道在我国商标的注册量已经超过3000万件的情况下，我国的品牌是不是也真正崛起了，这些巨量的商标注册申请与品牌的发展有没有直接关系。

我查询了几个品牌的商标注册情况。

王饱饱，有72件注册商标申请记录。最早的两件商标由其创始人杭州饱嗝电子商务有限公司于2016年11月8日提出注册申请，指定使用在第29类、第30类的糖、饼干、糕点、燕麦食品、以谷物为主的零食小吃等食品上。随后于2017年

9月，一位自然人在第35类替他人推销、广告、计算机数据库信息系统化等服务上申请了王饱饱商标。2018年，杭州饱嗝电子商务有限公司又申请了4件王饱饱商标，随后又有其他9家或个人或公司分别提出了不同类别商品上的王饱饱商标注册申请。2020年5月，杭州饱嗝电子商务有限公司再次提出了众多类别商品服务上的王饱饱商标注册申请，基本实现全类注册。

三顿半商标的注册申请情况与王饱饱类似，共有70件注册申请。最早的两件由其创始人长沙三顿半咖啡有限公司于2015年4月28日提出注册申请，指定使用在第30类的咖啡等商品和第35类的替他人推销等服务上。2017年2月，另外一家公司在第31类水果等商品上提出了三顿半商标的注册申请。2018年，长沙三顿半咖啡有限公司又申请了2件三顿半商标，随后又有其他12家或个人或公司分别提出了不同类别商品上的王饱饱商标注册申请。从2020年2月起，长沙三顿半咖啡有限公司再次提出了众多类别商品服务上的三顿半商标注册申请，基本实现全类注册。

钟薛高有99件商标注册申请，注册人均为钟薛高食品（上海）有限公司。其他的品牌也差不多，或者创业之初就全类注册，或者经过几年的不断申请，最终实现商标全类注册。总之就是品牌只有一个，商标却是几十件了。这种无缝保护商标的策略大概也是商标注册申请量大幅增长的重要原因。由此可以推断，随着新品牌的不断崛起，商标的注册申请量只会高居不下。

品牌创建者具有商标保护意识是值得高兴的事，但如此大规模的商标注册保护行为总显得既笨拙又费劲。只是大家都做出了同样的行动，那就说明在当下的法律框架下，大范围申请注册商标对于企业来说依然是相比之下的最好选择。

每件商标从申请到核准再到以后的维护，都需要人力和物力的支持，所以无论从哪个角度讲，大规模的商标注册都带来了资源的浪费。问题是，这种浪费是必需、必然、必要的吗？

我不知道答案，我也一直想要答案。我知道的是所有的选择都是在特定的情境下作出的，哪怕这个选择本身也是下策，但只要还有下下策和毫无对策存在，下策看起来也就有了意义和价值。一年超过900万件的商标注册申请量，早已突破了商标人的想象力，但看起来还会越来越多。毕竟我们总还是希望有更多的新品牌涌现，希望我们的国家从"中国制造"向"中国品牌"跨越。

13. 知识产权犯罪的处罚与认知

> 我不同情犯罪者,不管是不是因为无知。但无知可能犯罪,无知本身却并不是罪,无知仅是缺乏获得知识的机会。这么一想,对自己坚持普法又生出一点意义感来。

作为一名知识产权法的普及者,我欣喜地注意到这几年越来越多的民众熟悉了知识产权这个名词。这倒不是因为普法工作卓有成效,而是知识产权本身涉及的利益越来越大。专利、商标、作品、地理标志、植物新品种、集成电路布图设计、商业秘密等,在科技发达的互联网经济时代,哪一项都是市场竞争中的有力武器,独家占有者总是有着更多胜出的可能。

虽然知识产权纠纷本质上是利益分配的问题,但在较量中输了的一方付出的不一定仅是金钱,还有人身自由。数据显示,2016—2020年,检察机关共就侵犯知识产权犯罪对4.5万余人提起公诉,其中2020年起诉侵犯知识产权犯罪1.2万人,与1999年相比,上升了近64倍。时任最高人民检察院检察长、首席大检察官张军是这么解读的:这一大幅上升的数据,彰显了中国知识产权立法和司法解释的不断完善,并在司法实践中得以严格贯彻,知识产权司法保护工作越来越到位。

领导的解读是权威的,也是事实,我国知识产权的保护确实越来越到位。不过我总是有一个小小的担心,那些有意或无意中陷入知识产权之战的人,是不是都知道知识产权的保护实践中,检察机关和监狱也是参与者。我看过一个公开庭审,一位售卖冒牌名表的网店经营者,面对被指控的罪行时,显得无措又崩溃。这是刑事法庭,法官作出的判决不是民事赔偿多少钱,而是坐牢多少年。

站在被告席上的五十多岁的嫌犯,看上去就是邻家靠卖菜养活儿子的大爷一样,无论如何也看不出"坏人"的影子。他在惊吓过度的情绪中结结巴巴地承认了自己的犯罪事实,本来靠修表为生的他,自己动手组装了假冒名表在网店上低价售卖。由于这位大爷不懂网络,他的网店是刚刚大学毕业工作的儿子给开办的,用的是儿子的身份和名字,所以儿子也是共犯。看得出,这位大爷从来没有想到自己卖了几块假冒名表的后果是父子二人同陷牢狱之灾。

毫无疑问,从法律的角度讲,这对父子的行为确实触犯了刑法，依法应受到相应制裁。作为法律工作者，我也坚决支持依法严打侵犯知识产权的行为。但那张满是不解、悔恨、害怕的脸还是让我心里生出不忍和难过来，就很想问他一下：如果知道这么做会坐牢的话，还会这么做吗？我相信答案是不会。挣钱虽然好，坐牢不想要。这应该是一般人的正常想法。

知道这么做是不对的，但不知道这么做是犯罪的，这大概是目前众多知识产权侵权者的一个现状。虽然侵犯知识产权罪写入刑法已经很久了，而且罪名还不止1条，共有7条，包括假冒注册商标罪，销售假冒注册商标的商品罪，非法制造、销售非法制造的注册商标标识罪，假冒专利罪，侵犯著作权罪，销售侵权复制品罪，侵犯商业秘密罪。对这些犯罪行为的处罚是，对单位判处罚金，对其直接负责的主管人员和其他直接责任人员则是依照情节轻重判处10年以下有期徒刑。

之前的最高刑期是7年，但2021年3月1日起施行的《刑法修正案（十一）》把侵犯知识产权的最高刑期由原来的7年提高到了10年。这当然彰显了法律打击侵犯知识产权犯罪行为的力度和决心。我希望这份决心尽快被更多的人知道。刑法作为一种最严厉的知识产权保护措施和最终制裁手段，目的不是抓多少人、判多少人，而是通过对侵权行为的严厉制裁使人望而生畏，不敢轻越雷池，从而起到威慑和警告的作用，让犯罪行为变少。

最近在网上看到多起侵犯知识产权犯罪的报道，都涉及多人犯罪。在一则报道中称，2020年，陶瓷行业6起假冒注册商标刑事案被查获，12名被告人因构成"假冒注册商标罪"，分别被判处8个月至3年不等的有期徒刑，并处罚金。这些假冒注册商标犯罪行为包括伪造授权书委托厂家贴牌生产；收购残次品，修补后贴标外销；购买激光打标机打印商标；更换商标包装箱等。在另一则报道中，南通警方破获两起特大假冒注册商标的商品案，查获各类侵权假冒商品10万余件，涉案金额达8000余万元，共抓获犯罪嫌疑人77名。

很显然，这些人触犯了法律，罪有应得。但我依然怀疑这些参与其中的人是不是做好了坐牢的准备，而且有可能是把牢底坐穿的准备。侵犯知识产权罪的处罚最高是10年刑期，但还有一项罪名常常和侵犯知识产权罪结合在一起适用，那就是生产、销售伪劣产品罪。生产、销售伪劣产品罪的最高刑罚是无期徒刑，理论上可以说是把牢底坐穿了。虽然确实有个别傍名牌的山寨品或A货质量也不算伪劣，但实践中大多数假冒他人注册商标的商品质量是难以过关的，基本上存在以次充好、以假充真的行为，此属于牵连犯罪，应择一重罪处罚，也就是按生产、销售伪劣产品罪处罚。

在公开报道中，南通的案件中就特别强调指出一家网店大量出售假冒中国石化长城牌润滑油制品，该润滑油主要使用在挖土机、吊机等工程器械上，质量低劣的润滑油制品不仅会造成工程器械等财产的损失，同时也会大大影响工人操作工程器械施工的安全性和稳定性。所以，虽然是以销售假冒注册商标的商品案调查，最后也可能定生产、销售伪劣产品罪。

刑事司法的基本原则是罪刑法定、罪刑相适应以及疑罪从无等,而且在适用时极其审慎,毕竟剥夺一个人的自由不是件小事。实践中基本是知识产权犯罪的证据确凿时,公安机关才会介入。但行为人不知道这是犯罪行为并不构成脱罪的理由,因此也就有不少人,如前面提到的那位卖假表者,用牢狱之灾为自己的无知买了单。

无知不能得到法律的谅解,但在某一程度上可以被理解。知识产权在中国仅仅有几十年的历史,知识产权犯罪的概念远没有如杀人偿命这种观念深入普通百姓心中。抄一抄人家的设计、傍一傍他人的品牌,用一用人家的秘密,这些行为可能违法,也许有一部分人是心知肚明的,但构成犯罪对相当多的人来说还真未必想到过。所以在加大刑事处罚的同时,让更多的人认识到这一处罚的存在可能更加急迫。

我不同情犯罪者,不管是不是因为无知。但无知可能犯罪,无知本身并不是罪,无知仅是缺乏获得知识的机会。这么一想,对自己坚持普法又生出一点意义感来。

14. 保护名牌必须重赔重罚吗？

> 不管傍名牌在市场上有多强的"生命力"，一旦走到法律程序，后果就可能相当严重，面临着重赔重罚。

名牌的吸引力有多大，傍名牌的魅惑力就有多大。傍靠名牌的目的只有一个：更快更容易地挣到钱。名牌不是一天造就的，需要在长时间的市场经营中确保品质优良、声誉良好，这都需要付出大量的财力、物力、人力和智力。傍名牌则容易得多，照葫芦画瓢，有几分神似也行，有一点形似也可，反正只要能和名牌发生点关系，就可以相对轻松地获得利益。

其实也不能说"轻松"，因为没有名牌乐意被他人傍靠，也没有法律支持这种傍靠。所以，不管傍名牌在市场上有多强的"生命力",一旦走到法律程序,后果就可能相当严重,面临着重赔重罚。最近在我的朋友圈被刷屏的"乐拼"案可以说是典型代表之一。"乐拼"因为傍了"乐高",在民事案件中,相关公司因侵犯商标权被判赔偿"乐高"相关经济损失3000万元;在刑事案件中,公司负责人李某犯侵犯著作权罪被判处有期徒刑6年,并处罚金9000万元。

该案有意思的地方还在于,二审法院把一审法院的300万元赔偿金额提高到了3000万元。广州知识产权法院一审中查明,自2015年起,美某公司法定代表人李某等人复制乐高玩具,生产出大量含有"乐拼"中文及英文字样系列标识的玩具产品,其中多款标识侵犯了"乐高"商标标识,构成商标侵权;一个商标名称与乐高公司有一定影响力的商品名称相似,构成不正当竞争,判决美某公司等三被告赔偿乐高公司经济损失及为制止侵权行为所支付的合理开支共300万元。判决后,双方对赔偿金额均不认可,一个嫌少,一个嫌多,都向广东省高级人民法院提起上诉。

二审中,广东省高级人民法院作出终审判决,认定"乐高"系列商标经长期使用与宣传,在玩具市场上具有极高知名度,早已成为相关公众用于识别乐高商品的主要标识。美某公司一系列地使用"乐拼"标识,在颜色组合、表现形式、整体视觉效果等方面均与"乐高"极为相似,极易导致公众混淆,从而削弱"乐高"系列商标的显著性,对其市场声誉造成毁贬,认定"乐拼"生产厂商美某玩具有限公司等构成商标侵权及不正当竞争,且程度恶劣,判令其立即停止侵权,赔偿乐高博士有限公司经济损失及为制止侵权行为所支付的合理开支共3000万元。

二审的赔偿额超过了一审10倍,这绝对体现了法院对打击侵犯知识产权的决心和力度,也成为具有新闻价值的内容。之所以二审判赔数额是3000万元,是因为乐高公司就主张了这么多。不好说如果乐高公司主张更多赔偿法院会不会支持,但在这件民事案件审理之前已经作出判决的刑事案件中,法院认定仅自2017年9月11日至2019年4月23日,美某公司生产销售侵权产品的非法经营额已达到3.3亿元。另外,广东省高级人民法院还查明,依据淘宝网络公司提供的"乐拼"商品销售数据,可合理推定侵权产品的销售金额超过5亿元。经参考相关行业利润率合理估算,所涉侵权产品的整体获利应远超1.6亿元。

关于侵犯商标专用权的赔偿数额的规定,首先是按照权利人因被侵权所受到的实际损失确定;如果实际损失难以确定的,可以按照侵权人因侵权所获得的利益确定。该案中广东省高级人民法院已经认定获利超过亿元,却只判赔了3000万元,主要原因是商标权是私权,处置时要尊重权利人的主张,理论上讲权利人可以放纵他人侵权,可以一分钱也不要求赔偿。

"乐高"显然不是个宽容的权利人,它不仅提出了民事侵权,还主张了刑事责任。虽然我也看到个别人对两份判决都提出了异议,但两份判决都是生效判决,均传递出了明确的严厉打击侵犯知识产权行为的态度。

对于侵犯知识产权者给予重赔重罚，是这几年已经被行政机关和司法机关普遍接受的观念。这也是从"中国制造"走向"中国品牌"需要的法律保证。在各类知识产权侵权案件中不断作出的高额赔偿判决也给了傍靠名牌者足够的威慑作用。在广州天某公司等与安徽纽某公司等侵害技术秘密纠纷案中，最高人民法院二审认为，被诉侵权行为构成对涉案技术秘密的侵害，侵权行为人的主观恶意程度和以侵权为业、侵权规模大、持续时间长、存在举证妨碍行为等严重情节，以顶格 5 倍计算适用惩罚性赔偿，改判被告赔偿原告经济损失 3000 万元及合理开支 40 万元。

身处知识产权行业，也作为著作权人，我理解也支持重赔重罚的措施。培养社会尊重并重视知识产权，可能真的需要从侵权者付出较高代价开始。前些时候一位利用注册商标来傍靠他人名牌的企业主，在被名牌的正当权利人提起侵权诉讼后找我咨询，我直接告诉他要立刻停止侵权，否则可能会承担十分严重的后果。在听我介绍当前司法实践中对知识产权保护情况后，他明显表现出害怕的情绪。最后他输了官司，把自己挣的钱基本上都赔付给了对方。

2021 年 2 月 7 日，最高人民法院审判委员会第 1831 次会议讨论通过《最高人民法院关于审理侵害知识产权民事案件适用惩罚性赔偿的解释》(自 2021 年 3 月 3 日起施行)。该解释第 1 条规定，原告主张被告故意侵害其依法享有的知识产权且情节严重，请求判令被告承担惩罚性赔偿责任的，人民法院应当依法审查处理。虽然侵犯知识产权确实存在故意和过失的区别，但原告大概是不会接受对方是过失的这一说法，永远会主张恶意侵权，所以今后案件中可能会看到越来越高额的赔偿请求。

　　本来，填平原则是民事法律救济的基本原则，权利人损失多少，侵权人就赔偿多少，使权利人在经济上不受损失。目前的高额赔偿就可能出现权利人通过官司获利的情形，事实上也已经出现了利用高额赔偿来获得不正当利益的行为。不过两害相权取其轻，傍靠名牌行为的大量存在，识别真货变得复杂，带来了高额的交易成本，阻碍了社会经济的顺畅发展，迫切需要整治。所以，重赔重罚就深得民心了。只是想到乱世才用重典，考虑到侵权行为与责罚的相当，就别有一番滋味在心头。

15. 商标人对品牌的自作多情

> 总有一种关心是如影随形却又默不作声,商标对品牌的深情也大抵如此吧。

作为一名商标法普及者,我几乎每次讲到商标时都要提到品牌。商标是品牌的法律保障,商标案件是品牌竞争的组成部分等。讲案例的时候,我更是从百年老店的"稻香村"讲到刚刚崛起的"三顿半",从众所周知的"腾讯"讲到名不见经传的"菜适口"等,三句不离品牌。在我看来,不关心品牌的商标人不是好的商标人,甚至商标人本来就是品牌人。

不过,我对品牌的满怀深情是相当的一厢情愿,在品牌的世界里,似乎没有商标的位置。即便是如今国潮汹涌,众志成城地打造"中国品牌"的伟大时代,商标依然不能大摇大摆地走进品牌的视野。虽然品牌和商标使用着同样的标志,众所周知的"腾讯"二字是品牌,但与指定商品或服务结合在一起后,也就成了具体的商标,比如使用在计算机程序(可下载软件)等商品上第32384933号"腾讯"商标。

两个节日的表现可以看出商标与品牌的区别。4月26日是世界知识产权日,商标人大会小会一遍又一遍地高喊要加强品牌保护。5月10日是中国品牌日,谈论品牌的文章多如牛毛,话题几乎和社会上各种热词关联:高收益(品牌溢价)、数字化(品牌营销)、"00后"(品牌消费)、传承与创新(民族品牌)、新国货、国潮、幸福感(品牌价值)、网红(宣传与带货)、忠诚度、匠心(品牌品质)、国力强大(品牌竞争力)等,却基本不提"商标"二字。

这真让我从感情上有点不能接受:品牌如此重要,几乎涵盖了社会经济生活的方方面面,怎么能不提商标法律保护呢?

深入思考后我认识到,人家不是不知道,只是不想提。在普通民众的认知里,品牌是一个有温度、有态度、有热度的积极正面的词,对于消费者,品牌意味着质量保障、声誉可靠、品味良好;对于经营者,品牌意味着有市场、卖高价、好收益;对于一个国家,品牌意味着有信誉、有能力、有实力等。而商标是一个法律词汇,中性甚至有些冰冷,牵涉到的可能是侵权、纠纷等负面的内容。每一个品牌都不想产生任何商标问题,就算是发生了法律纠纷,也不想被提起,只希望悄悄地解决问题,然后把它永远地遗忘在时间的角落里。

理论上讲,品牌的最基本作用和商标一样,都是区别商品和服务的不同来源或者说区分不同的商品和服务。二者起源也是同时的，最初都是起源于烙印在牲畜身上的标记，用以便区别出牲畜属于哪家的。13世纪时，欧洲大陆盛行各种行会，要求在商品上打上行会认可的标记，从而起到区分生产者的作用，这就出现商标的基本形式。随着人们开始有选择地对某一工匠生产的产品格外偏爱，逐渐形成了品牌。这时，品牌不仅是为了区分产品而存在的，也因可以获得超额的利润而具有了商业价值。

我国商标的起源也是从工匠印记开始的。早在春秋时期就有"物勒工名"之制，勒就是镌刻，这种制度指器物的制造者要把自己的名字刻在上面，以便质量检验和日后的追查。后来某些工匠的产品因信誉良好，标记也渐渐有了品牌的作用。

目前公认的我国第一件现代意义上的品牌（商标），是宋代山东济南有一个专造功夫细针的刘家针铺所用的"白兔"，距今已有约1000年。这枚"白兔"品牌的LOGO印在一块用来印刷广告的铜板上。铜板长12.4厘米、宽13.2厘米，印板上方标明店铺字号"济南刘家功夫针铺"，正中有店铺标记——白兔捣药图，并注明"认门前白兔儿为记"，下方广告文辞称："收买上等钢条，造功夫细针。不误宅院使用，转卖兴贩，别有加饶，请记白。"

因为没有对白兔细针更多的记载，不知其品牌价值如何，但能够有实力印刷广告也可见应该算是当时的名牌。所以，无论是国内还是国外，品牌都是在市场的发展中，随着声誉的积累慢慢形成的。又因为这枚"白兔"标志与商品细针结合在一起使用，所以也可以算是商标的使用了。在中国商标界，也一致把白兔细针作为有记载的第一枚商标。

商标作为一个法律词汇的出现却是在 19 世纪。法国于 19 世纪初颁布法典，第一次肯定了商标权受保护，是世界上第一个建立起商标注册制度的国家。随后现代意义上的商标制度在欧洲各国相继建立。

商标对于国人来说完全是外来词，商标的法律概念也是舶来品，是西方法律观念对中国的直接影响之一。1904 年清光绪皇帝颁发的《商标注册试办章程》，算是中国历史上第一部商标法规。目前适用的《中华人民共和国商标法》于 1982 年 8 月由第五届全国人民代表大会常务委员会第二十四次会议批准颁布，从 1983 年 3 月 1 日开始施行。这部商标法到目前已进行了四次修正。

理论上讲，需要通过立法机关通过的法律概念的商标，似乎要比市场上自发产生的品牌要更加"高大上"。但事实上，没有市场上的品牌也就谈不上法律上的商标，商标的真正价值也在于市场上的真实使用。商标这个法律名词产生于市场，最后也需要回归到市场来实现其价值。而一旦走到市场上，真正被识别和认可的则是品牌了。在自由而开放的市场上，需要有激情、有热情、有温度的人的参与，需要一种模糊、一种随性、一种热气腾腾的活泼，而品牌这个词似乎更为合适。商标这种严肃正规且对错分明的概念，实在不适宜大步流星地走在台前。

法律经常就是一种无法离开又不愿想起的存在。就如同我们大多数人身处婚姻之中，关于婚姻的话题也大量而广泛地存在，却只有在结婚和离婚的时候才需要婚姻法。作为法律人，可以无限深情地关注着社会生活，却不能时时刻刻对手拉手散步的夫妻说你们要遵守婚姻法。法律的目的是让生活更美好，而不是时不时出来煞风景。

总有一种关心是如影随形却又默不作声，商标对品牌的深情也大抵如此吧。目前中国品牌正大踏步走向世界的舞台中央。商标人能毫无怨言又满怀深情地追随着品牌的脚步，也已算幸运了。事实上，商标藏在品牌的身后，看着品牌热热闹闹的同时，也在自己的小天地里精力充沛地自嗨，简直有点幸福的味道了。

16. 商标在互联网时代的新用途

> 有些商标注册后永远躺在商标注册簿上,这辈子甚至下辈子都不会在市场上真实使用,确实相当可惜。于是就有人努力挖掘这些注册商标的新用途,让这些商标发挥超出自身价值的作用。

互联网拓宽了注册商标的用途。传统的观念中,注册商标的目的是保护品牌在市场中的独家占有权和使用权。使用权很好理解,就是注册人自己使用或者授权他人使用这件商标。正是通过使用,商标才真正成为市场上的品牌,从而获得品牌带来的商业利益,知名品牌还能获得高额的溢价。这一点一直被认为是商标注册的根本目的所在。

独家占有权在市场上表现为禁止权,即注册商标人有权禁止他人在与自己注册商标指定使用的同一种或类似商品上使用相同或近似商标。法律这么设计的目的是让消费者不会对商品来源产生混淆误认，同时也保护商标使用人的权利。比如小米公司在手机商品上注册商标"小米"，那么就可以禁止他人在手机上使用"小米"商标。

但无论是使用权还是禁止权，最初的法律设计都是基于这件商标是真正在市场使用的品牌。比如有两家不同的厂商都生产小米手机，消费者可能会分不清，本来想买这一家的结果买成了另一家的。禁止权目的的实现是以使用权的实现为前提的。如果在先注册商标没有使用的话，即便他人使用了这件商标，消费者在市场只看到一个品牌，自然也不会搞错，没有混淆也就没有伤害。但有意思的现象是，在互联网时代，很多商标注册后，并没有真实使用为品牌的意图，唯一目的就是不让别人把这个标识注册为商标或者使用为商标。也就是说，注册商标的目的仅仅是行使其禁止权。

认识到禁止权的重要性后，就掀起了一股疯狂注册商标的热潮。电影电视剧上映前，相关公司要把电影电视剧名字、剧中人物的名字注册为商标。游戏上线之前，相关公司要把游戏名称、游戏角色的名字注册成为商标。图书出版（上线）之前，相关人员要把图书名字、人物名字通通注册为商标，甚至明星、网红、直播达人等也要把自己的名字、艺名、网名、花名、绰号注册为商标，电商直播带货走红的李某某甚至把他的狗的名字都注册了商标，简直有点万物名称均要注册商标的趋势。目的只有一个，先占住这些商标，就算自己永远不会使用，也绝不允许别人使用。

但让这些商标注册后永远躺在商标注册簿上，这辈子甚至下辈子都不会在市场上真实使用，确实相当可惜。于是就有人努力挖掘这些注册商标的新用途，让这些商标发挥超出自身价值的作用。

一个用途是通过维权途径获得利益。注册商标专用权是法定的知识产权，维权正当又合理。如果维权的目的是保护这件商标的注册商标专用权，那也就没有什么特别之处了，但现在维权的目的是多种多样的，可能是为了维护商标之外的其他正当权利，也可能是为了获得不正当的利益。

比如黄某在其经营的淘宝店上销售"愤怒的小鸟"毛绒玩具，罗威欧娱乐有限公司就利用商标权有效地阻止了他。毛绒玩具不是商标，但"愤怒的小鸟"是人家知名的游戏名称和游戏角色，创造出一个流行的游戏并不容易，当然是相关的每分钱都不想让别人得到。罗威欧公司就以其在第28类"游戏、玩具"等商品上拥有"愤怒的小鸟"形象的注册商标专用权，提出了侵权诉讼。

佛山市禅城区人民法院经审理认定，黄某销售被控侵权产品红色的"愤怒的小鸟"毛绒玩具不属于商标侵权，但是黄某在其淘宝网店的产品展示图片上使用"愤怒的小鸟"商标的行为属于侵权，判决黄某立即在其经营的淘宝网店上停止使用涉案注册商标，并向罗威欧公司赔偿经济损失及因调查处理侵权行为所支付的各项合理支出合计2万元。这个判决的意思就是玩具你可以卖，但不能叫"愤怒的小鸟"。但不叫"愤怒的小鸟"，这个玩具也就基本卖不出去。罗威欧公司通过商标维权，实现其阻止别人卖游戏角色玩具的目的。

　　通过注册商标维权获得不当利益的事倒是屡见不鲜了。主要表现是抢注商标后再高价卖给原正当权利人。比如某人在第41类电视文娱节目、戏剧制作、摄影等服务项目上的"巫颂"注册商标后，就开出了1800万元的价格，希望中文在线公司买回去，否则他们以侵犯在先商标权为由，要求中文在线公司停止提供小说《巫颂》作品。好在随着打击抢注商标的力度加大，这种目的实现起来可能性越来越小。这件"巫颂"商标也被商标局宣告注册无效，不过还是让中文在线花费了不少钱来答辩和应诉。这属于损人不利己的行为。

　　注册商标的另一个用途是用来出资。法律规定知识产权人可以用知识产权如商标权、专利权等出资成为股东。一些公司就专门注册一些商标，然后和其他出资人一起来合作开办公司。至于这些商标评估为多少钱，又占公司多少股份，因为现在并没有科学而统一的评价体系，多是合伙人协商决定的事，在实践中就表现出较强的个案性。如果新公司确实以这些商标为品牌进行经营，也算是商标权的传统使用，但也确实存在仅仅为了不用出钱就成为股东而以商标权出资的现象。

　　还有一种用途离注册商标的初衷更远了一点，就是证明其享有著作权。商标权和著作权是两种不同的知识产权。注册商标权需要行政机关授权确权，而著作权从作品诞生那一刻起就自动产生。商标本质上是商业标志，需要和商品或服务结合在一起使用，从而产生价值，而作品则独立展现了其美学价值。但是我就听到某著名游戏公司公开承认他们把所有游戏名称、角色名称甚至游戏画面都注册了商标，目的就是拿着这些注册证和合作公司签协议时，证明这是他们创作的游戏，用来证明著作权的归属。理由是这些商标证上盖着国家知识产权局的大章，比较有证明力。这种逻辑我都不太理解，但在实践中，人家就是这么做的。

至于现在相当普遍的注册商标仅仅是为了转让获利的情况，我认为都不值得多说了。那些卖出去的商标，考虑到买商标的人的目的还是使用这件商标，所以也算是实现了商标在市场上使用的目的。那些没有卖出去而囤积起来的注册商标，基本也就是死商标了，唯一的"作用"是浪费行政资源和商标资源，最好的结局应该是把这些商标都从商标注册簿上清除掉。

17. 新消费品牌，为了生活更美好

> 这种美好不仅体现在商品本身质量好、功能性强，更体现在购买、使用全过程中，消费者心理感觉好，能表达追求美好生活的愿望和感受美好生活的幸福。

最近参加了一个线上论坛，讨论新消费品牌的知识产权话题。我的第一个疑惑是，这个所谓的新消费品牌，是指新消费还是新品牌？得到的答案是都包括，即新的消费商品上的新品牌。我接受这个定义。这意味着新的消费商品与传统的消费商品是有区别的，新品牌不仅是过去所没有的，而且还表现出新的特点。

广义上讲，所有的商品都算消费品，不过这里的消费品仅指人们日常生活中使用的商品，比如食品、化妆品、生活

用品等。购买日用消费品的人一般是寻着品牌找到自己想要的商品，也总是心甘情愿地为声誉良好的品牌掏更多的钱。因为这些普通日常用品的消费者不可能对各种知识都拥有较高识别力，从而可以了解各种商品的质量、原料、功能、加工工艺等事项，只能相信朴素的道理，有名气的总是好的。

对于消费者来说，有着知名度和美誉度的品牌不仅意味着质量保障，还意味着生活的品位、社会的阶层，等等。而对于商家来说，有交易就有利益。品牌是企业获得稳定客源的关键因素，也是企业赚取超额利润的渠道。这一点，从品牌诞生以来，从没有变过，也一直被业界深刻地认知。品牌对所有的商品都重要，对于日常消费品就更重要。但直到近几年，中国大地上新品牌才风生水起地涌现出来。

一个重要的原因就是出现了新消费品。新消费品也还是消费品，还是我们吃的食物、穿的衣服、用的器具，还是那些和生活密不可分的东西、那些买了还会买的东西。所谓的新，是指人们在满足基本温饱之后，随着科学技术的发展、商业模式的变化、服务理念的进步，商品展现出更多的人性化特征，全方位地从物质和精神两个方面满足消费者的需求。换个表达方式就是，一件商品的研发、设计、生产、销售的首要目的，是满足特定消费者的特定需要，是为了让特定使用者的生活更美好。这种美好不仅体现在商品本身质量好、功能性强，更体现在购买、使用全过程中，消费者心理感觉好，能表达追求美好生活的愿望和感受美好生活的幸福。

新消费品针对的人群基本是年轻人。产品从诞生时，就努力打造成有文化、有内涵、有底蕴、有温度的形象，更贴近年轻消费者的个性，满足消费者更内在的需求体验。建立在这种人性化产品之上的新品牌，从诞生的那一刻起就有着自己独特化的产品特征，而不仅仅是简单地用来区别商品来源。正是这种带着个性化的立体形象，相比过去仅仅是一个简单的LOGO的品牌形象，展现了其"新"的一面。

另一个有意思的现象是，新品牌的取名渐渐显现出本土化的特点，不再刻意强调"洋"味，甚至有点去"洋"味的趋势，如谷小酒、莫小仙、信良记、花西子、拉面说等。虽然这些品牌的视野是全球化的，在起中文名的同时也会起一个外文名字，但强调的依然是中国元素或国货品质。比如鲜花配送服务品牌"花点时间"的英文名是REFLOWER，雨具品牌"蕉下"的英文名是bananaunder，麦片品牌"王饱饱"的英文名则直接是拼音WANGBAOBAO。这也可以看作中国企业自信心提升的表现，反映的还是国家实力的提高。

每个新消费品都有其独特之处，每个新消费品牌也有自己独有的形象。作为知识产权人，我对所有的创新和创造都致以深深的敬意。虽然我认为商标（品牌）不过是商业标志，其产生及使用的根本目的就是在市场竞争中获取利益，但通过何种方式和途径获利，依然是一个值得探讨和关注的问题。

新消费品牌通过让他人的生活更独特、更有价值感，体验更美好的方式来占领市场和消费者的心智，怎么想都是值得提倡和支持的行为。可以说，新消费品牌的诞生和蓬勃发展，本身就是人们追求美好生活的具体体现。

我不是年轻人，也没有一颗年轻的心，但追求美好生活的愿望依然强烈，常年在网上订购鲜花，也购买新的消费品牌的产品，比如"向迩"牌妈妈乐游包就实用又新潮。但关注新品牌的原因并不仅仅是为了丰富生活，更多的还是从知识产权发展与保护的角度考虑。知识产权作为一个法律概念，其产生应用的目的是合理正当地分配各方利益，制止不正当竞争，维护健康正常发展的商业秩序，为社会提供更多的福祉。但商业社会总是在变化中发展的，在不同时期表现出不同的特点，知识产权保护也必须用发展的角度看问题。

在"中国制造"向"中国品牌"转变的伟大进程中，国潮澎湃，新消费品牌的崛起受到更多关注，知识产权的保护思路也要适时做出一些顺应时代的改变。比如在商标注册中，让更多的新品牌迅速地获得注册，尽早拿到商标专用权可能就更符合客观实际需要，更有利于推动和保护新品牌的顺利成长。

没有一个新事物不是从旧事物中发展演变而来的，新消费品牌的出现也是在具备了特定条件下的必需产物，是生产能力提高、技术发展提速、思想认知提升、生活水平富裕后的时代必然。法律的发展也一样,必须跟随时代的发展而改变,在一般规律的指导下,通过个案来实现社会经济活动共同的目标,让人们的生活更美好。

18. 商标共存协议引发的利益分配思考

> 商标共存协议在实践应用中产生的分歧,表面上看是对利益分配的争议,其实根本上是一种法律进步的体现。

　　知识产权是私权,这一点得到了广泛的认同。私权的特点之一就是权利人可以自由处置这项权利,比如可以主张维权,也可以不主张维权。作为作者,我是著作权人,我的文章也遭遇过多起被抄袭侵权的行为,但我从来不维权,也没有哪个机构跳出来替我维权,因为,只要我不同意,替我维权也是违法的。

　　商标权是知识产权,也是私权,理论上讲也应该是由权利人来决定是否要维权,实践中,商标主管机关却主动替在先商标权人维权,驳回了在后相同或近似商标的注册申请。

这似乎就设定了一个前提，即所有的在先商标权人都是会主张维权的，即不允许在后的相同或近似的商标注册和使用。但凡事总有例外，真的就有商标权人同意他人使用相同或近似的商标。那么问题就来了，要不要尊重权利人这种对私权的处置呢？

这个问题在行政机关、司法机关及法律学者、律师、企业管理者等众多相关人群中进行了长达几年的争论，2021年基本达成了一致的意见，还是尊重权利人对私权的处置吧，只要在先商标权利人同意在后商标存在，那么主管机关就应该准予在后商标注册。比如最高人民法院认为，谷歌公司在后申请在手持式计算机、便携式计算机商品上"NEXUS"商标，可以和岛野株式会社在先注册在自行车用计算机商品上"NEXUS"商标共存，即谷歌公司的"NEXUS"商标可以核准注册，因为岛野株式会社出具同意书表示不反对。

但在实践中，消费者可能并不知道两家公司达成的协议，也不清楚"NEXUS"品牌的自行车用计算机与"NEXUS"品牌的便携式计算机来自不同的厂家，以为两件商品来自同一个厂家，还是可能会混淆，可能就会发生本来想买这一家的商品却买成了另一家的商品。因此，从保护消费者利益的角度出发，也有人认为应该限制商标权利人对于私权处置的权利。事实上，同是最高人民法院，也在不同的案件中表达了这种观点。在"雀巢案"中，最高人民法院认为，雀巢公司申请在提供制作咖啡和茶用的电动设备上使用"ECLIPSE"商标，与依克利斯公司在先注册的"ECLIPSE"商标构成近似商标,驳回申请。虽然依克利斯公司在商标驳回复审阶段也出具了同意书,表示不反对雀巢公司的商标注册,但是由于两商标文字相同,同时使用会造成相关消费者的混淆误认,故法院没有认可这份同意书。

两个案件均涉及商标的共存协议,案情基本类似,然而同一法院的判决结果截然相反,这似乎有些自相矛盾,但分开来看,却各自都能自圆其说。这正反映了在商标私权处置时要不要考虑公益利益上的分歧与争论,本质上是对利益分配的一种权衡。知识产权制度设立的目的就是确定对由智慧财产而带来的利益如何分配,而利益分配永远需要考虑平衡各种关系,努力做到最大化的公平,实现共赢。只是站在不同的角度,把握这种平衡并不容易。

市场是多种多样且千变万化的,并不依照人为设定的理想状态运行。法律也不能给各种情况都做出相关规定,商标权利人出具的同意他人注册商标的共存协议的效力问题,就没有明确的法律规定。这个问题主要是随着解决现实问题而产生的。由于存在大量的在先注册商标,在后的相同或近似商标很难获得注册,但在先注册的商标有时并不会真实地在商业中使用,在市场上并不会产生对两个商标混淆的实际后果。这种情况下,在先商标权人的利益基本不会受到损害,或者在先商标权人与在后商标权人有着其他利益的合作,有的就会同意在后商标注册并使用。也正是考虑了这种实际情况,行政机关和司法机关经过审慎考虑后,在部分案件中尊重了权利人对自己商标私权的这种处置,表现在案件中,就是支持共存协议的效力。

另一些案件中情况则有所不同，特别是在和普通大众的日常生活密切相关的商品上，如食品、药品等行业，允许两件相同或者近似的商标同时注册并在市场上使用，有可能给消费者带来困惑甚至损失。这时，即使出于某种原因，商标权利人并不介意这种共存，行政机关或司法机关也会基于大众利益的保护，而采取更严格的禁止相同或近似商标并存的态度。从本质上讲，案情还是不同的，不存在相同案情得出不同结论的情况。

不过，让普通大众理解这一点并不容易，甚至让法律人士理解都存在困难。也正为了担心引人质疑和不理解，对于基本事实接近的案件，作出相同的结论容易，作出不同的结论却需要勇气和担当，而不同的结论往往更符合客观实际。商标权的实现要考虑复杂变化的商业实践，一成不变的维权思维和原则虽然在操作上简单易行，却可能会和社会实际相背离，有时甚至不能实现法律所要追求的实质正义和公平。比如，商标注册按商品和服务区分表的商品分类分别审查，就导致了同样的商标与不同的人在不同的商品和服务同步获准注册，进一步在市场上使用，产生了众多的纠纷。比如著名的鲍师傅商标案，原因就是一个在糕点上注册商标，另一个在餐饮服务上注册商标。事实上，在前店后厂的商业模式下，消费者对面包店是一个整体的认识，既提供餐饮服务（桌椅、饮料等），也提供商品（面包）售卖。

但法律需要稳定性，不可能像市场变化一样随时发生变化，如何解决法律的稳定性与市场的变化性之间的矛盾，对行政机关和司法机关的法律工作者提出了严峻的考验，有时就会在实践中创造出一些新的概念和规则解决问题。商标共存这个概念本不是一个法定的概念，把它应用在商标授权确权程序中，本身也是法律工作者解决新形势下产生的新问题的努力。尊重私权只是从理论上接受这个概念的一种解释，保护消费者利益则是对这个概念的限制。

知识的创造与传播是为了提高人类的整体福祉，知识产权制度的产生与应用也是要在合理分配相关利益的基础上，促进社会的进步。商标共存协议在实践应用中产生的分歧，表面上看是对利益分配的争议，其实根本上是一种法律进步的体现。当下，行政机关对共存协议基本采取了更为谨慎的态度，在绝大多数情况下都以保护公众利益为缘由，不再认可。看来，这个问题还是在继续探讨中。

19. 识牌购物就能知道商品来源吗？

> 商标对于消费者来说，主要功能应该是区别这件商品和那件商品，至于这两件商品的来源具体是谁，是不是同一家，并不重要。

作为一名商标从业者，我从入行的第一天就被灌输了一个基本观念：商标的基本功能是识别商品来源。这本已在法律界达成共识，我也在这个观念的指导下审理了上万件商标确权案件。但当我离开案件审理岗位后，不再用法律理论来束缚自己，而是更多地用普通人朴素的眼光观察社会实践活动时，对这个观念反倒生出一些疑惑。我慢慢发现也有个别学者对此抱有不同观点。事实上，作为每天都要购买商品的消费者，我其实并不会通过商标来识别商品来源是谁，大多时候也不关心这件商品的生产厂商是谁，而是关心自己所买的商品是不是自己想要买的商品。也就是说，商标对于消费者来说，主要功能应该是区别这件商品和那件商品，至于这两件商品的来源具体是谁，是不是同一家，并不重要。

商标作为法律概念来自商业实践中品牌的使用。商标权的诞生是为了保护品牌所有者和使用者的合理利益。这个利益的实现依靠消费者能够通过商标来买到自己想买的商品，从而让提供商品的厂家因更多的销售而得到正当利益。因此，无论是生产者还是消费者，在商业高度发达的当下，都离不开品牌和商标。那么商标基本功能里的识别商品来源到底是指真正知道某个商品来自哪个厂商，还是指只能知道是哪个特定的厂商，具体是谁并不清楚。我认为应该是指使用这个商标的商品是来自一个特定的厂商，并有稳定的特定的综合品质。

消费者识牌购物包括两种情况。一种是消费者心里已经有一个"牌"子，比较不同商标的目的是选择他要购买的商品，这种情况下，商标的识别作用就是在多个"牌子"中让消费者"认"出他想要的那个。比如一个消费者想要买飘柔洗发水，他要做的就是从货架上的飘柔、潘婷、海飞丝、伊卡璐、沙宣等众多品牌洗发水中找到飘柔。他不在乎也不关心上面提到的五个品牌的洗发水的来源厂家都是宝洁公司。在这里，商标起到的作用就是区别这一件商品和另一件商品，而不是商品的来源是谁，或者说这些商品是不是来自同一家。选择服务也是同样的道理。我的很多朋友都使用头条 APP 提供的资讯服务，相信其消息的可信性，他们却不使用抖音

APP，原因是不认可抖音的可靠度。有的人听说我还在抖音购物，更是觉得我的眼光有问题，对所购商品质量表示怀疑。我告诉他们这两个 APP 其实均来自字节跳动公司，用的是同一套算法，他们总会露出一种原来如此的表情。可见，他们并没有从"牌子"（商标）本身的信息中得知服务来源，却区别出头条的服务和抖音的服务是两个服务。

消费者识牌购物还有另一种情形。消费者心里并不知道或不了解某商品上有什么品牌，也就是心中无"牌"，但是在购买时会选择那些有品牌的商品。这时商标的作用首先是品质的保证。因为品牌大量节省了交易中买卖双方互相寻找和沟通的成本。有品牌就能让消费者更容易找到这件商品和商品的厂家，而希望被消费者找到的商家也会对其产品的质量严格把关。这时，消费者选择品牌还是为了买到满意的商品。消费者买了这个商标的商品，如果满意，下一次心中就有牌了，还会来买这个品牌的商品，确保买对。如果不满意，那么下一次就避开这个商标的商品，确保别再错。

无论上面哪种情况，商标的功能都是区别出这件商品和那件商品，而不是说明生产来源是谁。至于商品来自谁，商标是给不了答案的，尤其在商标与生产厂商名字不一样的时候。而搞清楚商品的提供者其实相当容易，一般商品上都明确地标有生产厂家，否则就是"三无"产品。也就是说，商品上不标有商标可以交易，但不标明厂家则是不能进入交易市场的。所以，使用商标的主要目的就是方便让消费者便捷地找到自己想要的商品，即使知道几个品牌来自同一厂家，消费者依然会识牌购物，并不会因是同一厂家的商品就随便购买。比如大多数消费者都知道特仑苏牛奶和蒙牛牛奶都是蒙牛公司生产的，但购买时依然选择不同品牌的商品，因为特仑苏牛奶和普通蒙牛牛奶的品质有所区别。

所以，识牌购物是消费者对区别不同商品品质的一种需要。这种品质不仅指使用功能，还包括诸如情感、口味、价值甚至身份地位等多个方面。这也正是即使两件商品来自同一厂商，消费者依然要区分品牌购物，因为寄赋在每个品牌上的综合价值是不一样的。当商标完全不同时，这一点非常容易理解。不管消费者是不是知道这件商品的特定来源是谁，只要是买到了想要买的品牌的商品，现实中就不会产生什么纠纷。

但是当两个厂商生产的同样商品上的两件商标相同近似时，消费者可能就会发生混淆，误认为这些商品来自同一厂家，也就是对商品来源产生了混淆误认，把这一家生产的商品当成了那一家生产的商品，从而没有买到自己想买的商品，就是平时所说的买到了山寨或假货。虽然有时也存在山寨商品或假货的使用功能并不差，甚至比真货还好的情况，但由于凝聚在商标上的价值不仅仅是使用功能，还有着综合声誉，所以消费者确保买到某个商标的商品来自同一厂商就变得十分重要。

商标作为品牌在市场上使用的有意思之处就在于其价值也不仅是由商品功能来决定的，还有着复杂的人性的因素，社会价值观、身份评价体系、审美倾向等都会对商标的综合价值发生影响，从而影响人们在购买同样商品时对品牌的选择。但无论如何，消费者最终要实现的还是买到自己想买的那件商品。从这一点上讲，我倒觉得把商标的主要功能定义为是区别这件商品和那件商品的标志更为恰当。不过，由于每件使用商标的商品的特定价值都是由特定的提供者赋予的，表述为识别商品来源也解释得通。再说，大家都认可的事情总是有道理的。

人类一思考，上帝就发笑。我居然讨论了商标的基础观念，不知道有多少人笑了。

20. 新 LOGO 与新商标的同与不同

> 对于品牌来说，LOGO 的表现形式变一变，并不会改变品牌的实质内容，就如一个人换了一件衣服，还是这个人。但商标是登记在案的法定权利，新注册的商标和旧注册的商标之上的是两个不能相互替换的权利。

从 2021 年 9 月 23 日 6 时起，北京广播电视台正式启用新台标。台标原来的左侧红底白字由"BTV"变为"BRTV"（见图 1），右侧的"北京卫视"四个字的字体也不一样了，而且台标半透明背景区域增加了祥云纹理。这个消息发布后，我看到有不少人留言，有的人表示更喜欢旧标注，有的人赞扬新标注好看。其实换标不仅仅是好看不好看的事，也不是随随便便的简单事，换标是件大事。

图1 "北京卫视"新旧标注

企业随着时代的发展大多会适时更换 LOGO。这些新 LOGO 不会改变主要的识别部分，但会对图形、背景、字体、颜色等作一些细微的变化。比如创立于 1954 年的中华牙膏，也换了新标，在新 LOGO 中，去掉了旧标中标志性的弧形，字体更加清晰流畅。国内知名娱乐直播平台 YY 宣布品牌换新升级，但文字部分仅是改变两对 YY 字母的大小比例。大型跨国连锁便利店品牌 7-Eleven 则是直接去掉了文字背景图形，并填上了表示注册商标的标记®。余额宝的 LOGO 变化比较大，把旧标中橙色的钱包换成了一只橙色的锦鲤，但余额宝三个字依然醒目。喜茶新 LOGO 最大的变化则是原小男孩手中的"杯子"变成了一个"瓶子"。

成为热门话题的应该是小米的换标行为了。小米公司花费 200 万元人民币请日本设计大师原研哉设计了新的 LOGO，而新 LOGO 看起来只是把原来的方形背景变成了圆形背景。有人调侃说，一个直角砍一刀花 50 万元，这钱花得真冤。设计费花得冤不冤，别人说了不算，小米公司认为这是新十年的新形象，就值了。

企业更换 LOGO 有着多种原因，有的是因为兼并重组等需要增加新的要素，但更多的时候是为了跟上时代的潮流，适应新技术、新审美、新消费观念，以稳固或获得更大的市场。在信息时代的今天，新 LOGO 设计的主要趋势是扁平化、简洁化、年轻化。

LOGO 扁平化是针对数字屏幕将图形以及字体做全面的优化，使其能够在屏幕中特别是小尺寸设备上，有更佳的呈现效果，也有利于信息高效传播。扁平化设计一般没有任何像渐变、阴影、肌理的装饰效果，视觉效果干净清爽。

LOGO 简洁化和扁平化是同步进行的，多表现为由基本几何形状构成的高度简化的抽象形式标志，或者去掉繁杂的背景图案和复杂设计的文字。简洁化的目的之一也在于以手机为代表的终端小尺寸设备上方便识别，同时也符合整体标志发展的趋势，因为抽象化的标志图案往往更具现代感和符号感，易记忆、易理解、易传播，可以让相关公众轻松地在各种品牌标识中一眼看到它们，避免产生混淆和误认。

LOGO 年轻化则主要是为了迎合年轻的消费者。随着 Z 世代（"95 后"）的崛起，年轻人成为国潮品牌的主要消费者。这一代年轻人几乎没有经历过父辈的穷困，不会像父辈那样更看重产品的实用性，而是兼顾实用性和精神满足，更关注一件商品是否符合自己的审美趣味，是否能表达自己的品位追求，产品的 LOGO 设计风格也成为选择商品的一个重要原因。加之年轻人消费能力较强，因为从小就看着父辈对国外产品的代工长大，对国货质量天然信任，从心底能够接受国潮品牌。企业为了抓住这些年轻的消费者，做出了年轻态的变革，想要达成与年轻人一致的步调，也是最正常的选择。

LOGO 的变化关联的不仅有市场端，还有法律端。企业在变换新的品牌 LOGO 后，想要得到法律的保护，就需要去注册新的商标。但面向市场的 LOGO 变化之后，有时会遇到难以注册为商标的法律问题。新商标不能注册的问题一直存在，但在近期企业纷纷变更 LOGO 的潮流中，表现得更加明显一点。基本表现就是旧 LOGO 注册了商标后，又有他方的近似商标获得注册，新 LOGO 提交商标申请后，会被行政机关以和他方商标构成近似的理由予以驳回。这时品牌方往往对这种处境感到十分委屈。因为分明旧的 LOGO 和新的 LOGO 主体识别并没有改变，相关公众也都知道旧的新的是一家，到商标注册的时候怎么就不承认了呢？既然是近似商标，为什么他方的商标又能获得注册呢？

这里存在一个认知差异的问题。对于品牌来说，LOGO 的表现形式变一变，并不会改变品牌的实质内容，就如一个人换了一件衣服，还是这个人。但商标是登记在案的法律权利，新注册的商标和旧注册的商标是两个不能相互替换的权利，就算标志表现形式一模一样也是两个权利，更何况还有所不同？就如人的名字一样，变了名字你也还是你，但是现用名和曾用名的法律后果不同。绝大多数情况下你需要签上与身份证上相同的名字才具有法律效力，才能进行相关的法律行为。所以新 LOGO 是对旧 LOGO 的替代，表达的是同一个品牌，而新商标理论上和旧商标没有关系，是一项新的权利。同一主体可以同时合法拥有旧商标和新商标两个权利，而且这两项权利在法律上是完全平等的。

一般情况下，新商标的注册审查并不会因为申请人享有旧商标权而发生审理原则变化，或者给予特殊照顾。新商标完全是独立审查，依照现行法律和审理标准作出是否核准注册的决定，这时如果有在先近似商标就会驳回注册申请。至于他人在先商标如何获得注册或者说注册是否合乎法律规定，是另一个问题，也需要通过另行提起法律程序来解决。当然行政机关要努力保持审查标准一致，避免产生近似商标同时注册的情况。但由于审查标准的变化和商标个案中的不同事实情况，以及申请人和审查员对近似商标认知的差异，存在近似商标并存的情况也在所难免。

从商业的角度讲，企业要生存更要发展，品牌LOGO是必须变的，因为适应市场才能生存。只是在改变LOGO的同时，也不能忽视商标的法律问题。而法律和日常朴素的认识虽然大部分是相同的，但还是有着一定的差异。关注到这些差异，且妥善解决由于这一差异带来的问题，也是变更LOGO的工作内容之一。

21. 疯狂的造节活动和打不完的商标官司

> 商标作为市场中诞生的一种商业标志，虽然被赋予了知识产权的高大上属性，其实不过是钱的另一种表现形式。从这个角度讲，商标和各种节本是同根生，煮豆燃豆都想要达到的是同一目的：追求更多利益。

"双十一"购物节已经成为国人日常生活内容，线上线下都在搞各种打折促销活动，尤其是阿里巴巴和京东两大电商使出各种招数比拼，成功让绝大多数网民成了"尾款人"。而一旦付款完毕又进一步变成了"丁工人"，因为打工人在"双十一"疯狂"剁手"下单，"打"字没有了提手旁，就成了"丁"。

"双十一"的竞争不仅体现在商场上，还体现在商标的注册程序中。为了把阿里巴巴集团控股有限公司（以下简称阿里巴巴公司）的一件"双十一"商标的注册宣告无效，北京京东叁佰陆拾度电子商务有限公司（以下简称京东公司）真是费了相当大的力气，一直把官司从国家知识产权局打到北京市高级人民法院，终于成功实现了自己的目的。

这件第10140421号"双十一"争议商标由阿里巴巴公司于2011年11月2日在第41类培训等服务上提出注册申请，于2013年2月28日获准注册。京东公司于2018年11月13日向商标局提出无效宣告请求。

京东公司的主要理由就是，作为描述时间特点的通用词汇，单纯的"双十一"用作商标缺乏显著性，不应核准注册。且"双十一"是对广大商家和消费者普遍举办的网络购物节的一种约定俗成的通用名称，"双十一"活动所产生的知名度和影响力是包括京东、阿里巴巴及其他各大电商平台、线下实体商家共同使用于广泛宣传的结果，并未与阿里巴巴公司形成唯一确定的关系，不应为阿里巴巴公司一家独享，等等。

阿里巴巴公司当然不服，答辩称"双11""双十一"为其独创，并不属于各大网络电商、实体商家、消费者广泛参与的大型购物促销活动的通用名称，具有极强的显著性，可以注册。而且"双11""双十一"是"淘宝""天猫"平台的核心商标，"淘宝""天猫"享有的极高商誉已经延续到"双11""双十一"商标上，因此，"双11""双十一"已经达到为相关公众所熟知的程度，与阿里巴巴形成了唯一对应的紧密联系。特别是京东公司也申请了多个"双11""双十一"

商标，说明京东公司也认为这是能够注册的商标，等等。

双方的意见听起来各有各的道理。商标局审理后作出的决定是维持这件"双十一"商标的注册。因为一件商标是否属于通用名称，一般以商标申请日时的事实状态为准，或者以核准注册时的事实状态判断其是否属于通用名称。京东公司提交的绝大多数证据形成时间晚于该商标申请日，不能证明"双十一"在争议商标申请日前，在全国范围内相关公众的通常认识中，已经成为网络购物节的约定俗成的通用名称。且"双11"与争议商标核定使用的培训等服务并无固有联系，其作为商标具有商标应有的显著特征，可以起到区分服务来源的作用。

京东公司不服这个判决，提起了诉讼。北京知识产权法院认为，诉争商标由汉字"双十一"组成，使用在"培训、安排和组织大会"等服务上，容易使相关公众认为其系对服务促销特点的描述或宣传性用语，难以起到商标的识别性作用，缺乏商标应有的显著特征，其注册应当宣告无效。

国家知识产权局及阿里巴巴公司均不服一审判决，向北京市高级人民法院提起上诉。北京高院审理后维持了一审判决。随后，国家知识产权局执行了这份二审判决，重新作出裁定，宣告第10140421号"双十一"争标的注册无效。至此，这一件商标的争议案件结束。

案件虽然画上了句号，但思考依然在继续。作为电商巨头，京东公司一边自己申请注册"618"商标，一边又对阿里巴巴公司的"双11"商标提出无效宣告，看起来似乎很有点用自己的矛刺自己的盾的感觉，而且还刺穿了。因为如果依照这件商标的结果，显然其他"618""双11""双十一"等商标都不应该注册，已经注册了的也应宣告无效。京东公司也是大公司，一定知道这个逻辑，但还是热热闹闹地打了这一场官司。这当然是利益衡量后的选择。

　　无论是积极地注册商标，还是积极地对他人的注册商标提出无效宣告请求，都是出于维护利益的目的。商标作为商业标志，本就是在竞争中产生的，目的也是在市场竞争中占据优势地位。商标能够让消费者可以用便捷的方式找到自己需要的商品或服务，这样就有效实现了顾客的稳定性。所以，理论上讲，商标注册的目的是保护市场中真正使用的商标的正当权益，使用也应该是商标实现其价值的正确途径。但实践中，像"双11""双十一""618"这样的商标，其实根本就不可能在市场中使用为品牌，依然产生了无数个法律纠纷。这也说明，一件商标不管是使用还是没有使用，一旦获得注册，就可能对他人的利益产生威胁。

　　商标权人享有商标专用权，专用就意味着别人不能用，也就是说有权禁止他人使用。不管什么标志，只要注册为商标，就算注册人自己不使用，别人也不能使用，只要使用就可能有侵犯他人注册商标专用权的风险。虽然"双十一""双11"商标注册后，阿里巴巴公司并没有对任何使用"双十一""双11"标志做活动的商家提出过侵权诉求，线上线下的"双十一"促销活动也是一年比一年搞得更加轰轰烈烈，但京东公司还是觉得不安全，非要把这件商标打掉，以确保自己头上没有悬着一把随时会砍下来的剑。

真是那句话，有利益的地方就有斗争。这些年不断造出来的各种节都是利益的产物，把这些节日的名称拿来注册商标也是为了保护利益。商标本就是利益的一部分，就因了各种节而更加喧嚣了起来。五花八门的节日名称统统想要成为商标大家庭的一分子，情人节、音乐节、被子节、男人节、汽配节、打酒节、购房节、表妹节、简单生活节、闺蜜节、全民八卦节、外婆节、撒娇节、爱吃节、微笑节、懒人节，等等。虽然这些节日名称基本没有挤进注册商标库的大门，但提出进门申请的努力，已经足以表明每个申请人独占任何可能利益的态度，也因此多出些没完没了的官司。

天下没有白打的官司，每个官司都有钱的味道。但钱的味道本身也只是味道中一种，本不分香臭。商标作为市场中诞生的一种商业标志，虽然被赋予了知识产权的高大上属性，其实不过是钱的另一种表现形式。从这个角度讲，商标和各种节本是同根生，煮豆燃豆都想要达到的是同一目的：追求更多利益。所以，有理由相信市场上的各种节日一定还会继续被造出来，关于各种节日名称的商标案件也会一直打下去。而且，热闹是我们大家的。

22. 商标维权需要法律，更需要智慧

> 维权和维权不一样。有些法律概念或事实是没有认知分歧的，而有一些则从来没有统一过认知。法律的难点就在这里，并不是每件事都是界限清晰和对错分明。相当多的纠纷都是在分歧的争论中解决的。

每一个官司都不是白打的，至少可能产生新闻，一不留神，还成为热点话题。"潼关肉夹馍""逍遥镇胡辣汤"作为普通百姓的日常食品，终于通过权利人和委托律师的一通"维权"操作，成功多日刷屏微信朋友圈及短视频平台。虽然从哪个角度说商标维权也是专业的事，懂得的人真不算多，但是吃过肉夹馍和胡辣汤的人是真的多呀，大家纷纷觉得自己有权利也有能力表达自己的观点，于是就变得相当热闹

起来。

最早站出来说话的是被打侵权的人面对镜头的哀号诉苦。开着肉夹馍、胡辣汤的小店主们收到商标侵权的律师函、起诉状时，作为平头百姓的正常反应是生意门前做、祸从天上来。不过是想每日赚几两碎银，如今却要赔偿人家成千上万元，他们把这种似乎莫名其妙的冤屈感对着每个镜头都毫无保留地倾泻而出，让观者无不动容，不由得和这些店主发出了同样的惊呼：什么？什么？"潼关肉夹馍""逍遥镇胡辣汤"居然是商标？别人不能使用？

法律人听到了这些提问，立刻纷纷站出来回答。解释法律概念本应是不带立场，有一说一，但法律人也是人，而且是有着自己固有观点的人，进入一场本来就是带着强烈情绪的法律事件中，有些解说词就不那么中性了，使用起了诸如"借机敛财""不付费的白嫖商贩"这样毫不专业的词汇，连我在自己的公众号上文章标题中都用了一个"扯"字，真是个个情绪饱满，态度倾向性鲜明。

甚至行政机关也无法保持沉默了。国家知识产权局以答记者问的形式发出了自己的权威声音。

在这个回答中，行政机关明确的只有一个加盟费的问题："从法律上，'逍遥镇'作为普通商标，其注册人并不能据此收取所谓的'会费'。'潼关肉夹馍'是作为集体商标注册的地理标志，其注册人无权向潼关特定区域外的商户许可使用该地理标志集体商标并收取加盟费。同时，也无权禁止潼关特定区域内的商家正当使用该地理标志集体商标中的地名。"

这个回答显然是斟酌再三才发出的，从专业的角度讲一点毛病也没有，但并没有明确是否可以维权。只是随着这份声明的面世，主流媒体也终于有了发声的角度，不同的解读纷纷登场，事情变得似乎更重要起来。而一些只为博眼球、赚流量的自媒体则拿出了一贯的生猛劲头，把情绪推得水高浪大，生怕误了一场炒作的盛宴。大家基本的观点就是这两起维权事件"吃相难看"。随后"潼关肉夹馍"和"逍遥镇胡辣汤"的权利方，先后表示停止维权行动。小商户们的求助似乎得到了回应，暂时又可以平安地做生意了。没人知道以后维权会不会继续，但因了这通炒作，更多人知道了"潼关肉夹馍"和"逍遥镇胡辣汤"，广告的效果是杠杠的。不知道这会不会让商户们的生意变得更好。

但这事肯定让更多的小商户看到了媒体的力量，于是"潼关肉夹馍"和"逍遥镇胡辣汤"的表亲们就此纷纷登场，其中"库尔勒香梨"的声音比较大。据《新京报》记者查询，库尔勒香梨协会此前就曾多次展开维权，从2018年至今涉及商标侵权纠纷案件高达561件，状告了600多家水果店和公司。而且大部分被告的商户都被法院判决侵权成立，要赔偿库尔勒香梨协会的损失，金额从几千元到数万元不等。这些商户虽然已经拿到了判决，但还是对着镜头叫起了冤。不过出乎这些商户的意料，整体法律界几乎一边倒认为，"库尔勒香梨"应该维权，这些商户售卖不是来自库尔勒的"库尔勒香梨"，就是铁板钉钉的侵权。

事情变得非常有意思起来。"潼关肉夹馍"和"逍遥镇胡辣汤"搅起的是一池情绪的波澜，而"库尔勒香梨"却只引发出理智的声音。"逍遥镇"是注册在胡辣汤商品上的普通商标，"潼关肉夹馍"是注册的集体商标，"库尔勒香梨"是注册的证明商标，都是商标，理论上讲当然享有同样的权利，也都可以据此来维权。事实上，在知识产权概念已相当普及的今天，在先商标权利人拿着自己的商标注册证，委托职业律师提起维权诉讼，本是件常见的事，几乎每天都有数以万计的维权官司在进行着。

只是维权和维权不一样。有些法律概念或事实是没有认知分歧的，而有一些则从来没有统一过认知。法律的难点就在这里，并不是每件事都是界限清晰和对错分明。相当多的纠纷都是在分歧的争论中解决的。法律界有句名言，法院并不是因为其总是正确的才能够作出判断，而是因为其必须作出判决才被认为是正确的。所以在分歧无法统一的时候，理论上讲就只能选择尊重权力机关的决定。既然"逍遥镇"是注册在胡辣汤商品上的普通商标，"潼关肉夹馍"已经注册为集体商标，维权行动自有合理性。这也是律师们大规模开展索要高额赔偿维权行动的底气。

但法律不过是最低的道德标准，合法的不一定合乎道德或者合乎情理甚至合乎事实。因为法律并不总是完美，想要完美地实施法律需要具有高超的智慧。当一项看起来合法实际上却有悖日常认知的行为出现时，就会引起更多的矛盾。

对于"库尔勒香梨",由于真正来自"库尔勒"地区的"库尔勒香梨"有其不可替代的品质,大多数人会认为那些不是来自"库尔勒"的"库尔勒香梨"是假货,那么知假售假自然是侵权行为。而对于"潼关肉夹馍"或者"逍遥镇胡辣汤"而言,什么才是正宗或者真货,绝大多数人是没有概念的。特别是在已经存在诸如扬州炒饭和北京烤鸭这样类似的菜品名称时,朴素地把"潼关肉夹馍""逍遥镇胡辣汤"识别为人人都可使用的食品名称也是正常且可理解的。在这样的事实基础上维权,需要巧妙地把握方式方法,如现在这样强硬地索要高额费用的方式,就让看起来有理有据的法律行为和大众日常的生活认知产生了落差,很容易让人先热血上头,再不得不花点时间才能找回理智。

法律从来不是简单的事。无论从制定法律到执行法律甚至解释和普及法律常识都需要智慧,需要有脚踏实地解决问题的责任担当和专业能力。仅仅把法律作为赚钱的工具,带来的必然只是一场闹剧。好在七嘴八舌的发言毕竟也算是参与了普及法律知识,算是这场本不应发生的热闹对社会的正面贡献吧。

23. 青花椒，调料的烟火气与商标的专业性

> 朴素的认知和法律的规定常常是有距离的：有时这距离是一层玻璃，这面看得到那面；有时这距离是一座秦岭，翻过去是另一番天地。商标法的奇妙之处就在于，看起来和常识隔着一层玻璃，实质上却隔着一座秦岭。

"青花椒"三个字可以注册为商标吗？当然可以，就像"大鸭梨""小肥羊"一样都可以注册在餐饮服务项目上。实践中，消费者不会认为走进大鸭梨餐馆只能吃到大鸭梨，走进小肥羊餐馆只能吃到羊肉，走进青花椒餐馆的顾客，也知道他们的菜不会是每一道都有青花椒。这本是生活常识，不需多讲。可最近因为"青花椒"商标权人打了几场商标侵权官司，赢了，还被媒体报道了，众人皆知了，于是就有一部

分人开始质问：为什么"青花椒"作为一种调料名称能够注册为商标呢？甚至还有某协会公开说要组织专家请求国家知识产权局对该商标宣告注册无效。

事实上，已经有两家企业对这件注册在餐厅服务项目上的"青花椒"商标提出过无效宣告申请，国家知识产权局均未支持其主张，维持了该商标的注册。在这种情况下，还有人坚持继续提出无效宣告请求，真可谓执着。虽然站在不同的角度，各人有各自执着的理由。法律也确实规定任何人在任何时候都有权利以该商标标识不能作为商标注册的理由提出无效宣告。也就是说，提不提无效宣告请求是权利人自己的事，支持不支持其请求是国家知识产权局的事。

我不知道是不是真的有人第 N 次对这件商标提出无效宣告请求，但我看到的所有法律专家都认为这件商标注册是没有问题的。其实在先商标权人展开维权行动也没有问题，甚至一个法院作出了一个可能不被接受或者不那么"正确"的判决也不是大问题，毕竟法官也是人，也有认知上的局限性，不可能每一个判决都做到符合客观实际。这件事之所以被媒体炒了起来而被广泛关注，我认为其中一个重要原因就是，餐饮服务是个和百姓生活息息相关的行业，容易让人们产生一种"我也知道这事"的错觉。

可能真的知道这事，但并不一定真的理解这事。上海一家公司享有餐厅等服务项目上"青花椒"注册商标，并且在实践中进行了使用，开展了连锁餐饮服务。他们发现有人假冒他们的名义开餐厅，就委托第三方维权机构开展商标维权行动，对几十家在店招、菜单、外卖平台等处使用了"青花椒"字样的餐馆提出侵权诉讼，部分已经结案的官司被法院判决侵权成立，分别赔偿原告损失1万元到3万元不等。因为败诉的餐馆对判断不服，认为自己使用的"青花椒鱼"不是商标，是表明店里经营的菜品，向媒体表达了自己的委屈。然后，在各大媒体一起助攻下，又一次成功地把商标案件炒成了热点。

商标的事有意思之处就在于，每个人都觉得自己有权利有能力说几句。谁还没去过个餐馆？谁还没吃过"青花椒鱼"？就算没吃过"青花椒鱼"还没吃过"青花椒"？就算连"青花椒"也没吃过总吃过"花椒"吧。于是就纷纷表达自己的观点，"青花椒"这么普通常见的四川调料名称凭什么由上海的公司独占？独占也就罢了，还不让四川的人用这个词，岂有此理？

愤慨得很真诚。因了真诚也真地触动了一些人的情绪，本来是对侵权官司的判决不满，也迁怒到商标注册的问题上来。如果不给予注册，也就没有这侵权之说了呀。这就好比一个孩子在外面打伤了人，然后去责备妈妈为什么生出这个孩子一样。这真是奇怪的逻辑，完全不讲因果。也是，情绪从来就不讲逻辑，靠的就是朴素的认知做支持。只是朴素的认知和法律的规定常常是有距离的：有时这距离是一层玻璃，这面看得到那面；有时这距离是一座秦岭，翻过去是另一番天地。商标法的奇妙之处就在于，看起来和常识隔着一层玻璃，实质上却隔着一座秦岭。

商标作为商业标志，总是随着变化着的商业社会也处于不断的变化之中。一颗被咬了一口的"苹果"能成为引领世界科技时尚的名牌，一粒朴素的"小米"也能在十年间成为世界500强企业的品牌。这并不妨碍现实生活中苹果在超市里卖，小米在粥锅里煮。"青花椒"也一样，是商标还是调料名称，完全取决于商家是怎样使用的，消费者又是如何认知的。同样在餐馆的门头上，有时是商标，有时是菜名，有时不好判断是什么。上海公司肯定是作为商标使用的，它们突出独立地使用了"青花椒"三个字，旁边用小一号字体写明砂锅鱼。一般消费者会理解为去"青花椒"餐馆吃砂锅鱼。有的店家突出使用的是"青花椒鱼"四个字，并且旁边还有他们餐馆的商标"某妖记"，一般情况下，消费者会理解为去"某妖记"餐馆吃"青花椒鱼"。而另一家餐馆则大字写着三个字"青花椒"，旁边写着"鱼庄"两个字，这时"青花椒"也易被理解为是餐馆的名字。

商标不同的使用情况可能带来不同的法律后果。虽然拥有注册商标就意味着享有对这个标识的独占权，可以禁止他人在餐馆上使用"青花椒"商标，但并不能妨碍他人正常使用"青花椒"或"青花椒鱼"这个词，表达其调料的本意。这也是这件侵权案件的判决作出之后，引起争议的原因所在。原告认为这是侵权使用，被告认为这是正当使用，结果是法官支持了原告，而吃瓜群众却普遍支持被告。

难道法官的水平还不如吃瓜群众？当然不是。现在所有的法官都要通过司法考试才能获得执业资格，法律功底是没有问题的，又因了基层案件数量很多，干上两年，实践经验就足够丰富。而且这案子标的也不过万把块钱，应该不值得有人情一说。我认为就是这个合议庭内心确信被告用小字使用自己的商标，用大字突出使用"青花椒"三字构成商标侵权。关于商标使用、商标侵权等事实的确认，在实践中一直存在分歧。这就是商标法在具体适用时的难点之一。

而且把他人商标作为通用名称使用也构成侵权。之前有人在自己的产品上标注"老干妈风味"，就被老干妈商标方起诉了，法院判决侵权成立。现在把他人的"青花椒"商标用作"青花椒鱼"，有人理解为侵权，似乎也有一定道理。当然别人可以不同意法官的判决。就这个"青花椒"案件而言，我也认为不构成侵权。但出现不被接受判决的原因是商标使用情况复杂而带来的不同认知，和这个商标是不是应该获准注册无关。

商标确权和侵权确实是相关联的两件事，但总归是两件事。一件事在过程中出了点失误，不应该把板子打在另一件事上，就如后五十里路出现了坑，不能去重修前五十里路一样。真正的法律人其实都懂这一点，只是没有办法让不懂法律的人完全不去乱说。在一个日新月异的商业社会里，对商标而言，如何把浓浓的烟火气和法律的专业性很好地结合起来，总是一个难题。

24. 商标案件的合法理与合情理

> 商标法因其要解决时刻变化着的商业社会中的纷争，在实践中对法律人提出了更高的要求。法律人不仅要熟知法条，还要了解社会、洞悉人性、理解商业规则，这样才可能做出既不违反法律又不违背事实的裁定和判决。

就商标而言，合法的真不一定是合理的。一个现象就是商标抢注经常能够成功，有时用脚后跟想都是"抢注"的行为，却也能得到法律的支持。这种结果不仅违背普通人的朴素认知，引起一系列的误解和指责，也让法律人在执法时感到纠结和挣扎，在具体案件中出现看起来"违反法律"或者"违背事实"的裁定结果。这是因为商标法的有些规定和普通人的生活认知不同。比如商标注册的商品分类这个问题。商标法适用中认为鞋子和服装不是类似商品，可以由不同的人注册相同标志的商标。这意味着一般情形下，法律允许我在服装商品上注册"向迩"商标，同时你也可以注册一个鞋子商品上的"向迩"商标。在如今品牌跨行业经营的环境中，消费者看到"向迩"时大都会认为是同一家企业的同一个品牌，两件商标同时使用时，必然带来混淆误认和一系列的纠纷。

也就是说，普通人眼里的"商标抢注行为"和法律规定中的"商标抢注行为"并不是同一个意思。在普通人看来，不管在什么商品和服务上，只要你注册了他人的知名品牌或者不知名品牌，都是商标抢注行为。但是按照商标法的规定，只要不是特别知名的品牌（驰名商标），他人就可以在不相同或类似的商品或服务上注册商标。在同一种或类似商品服务上，就算是抢注的，如果注册商标超过了5年，法律也不再保护被抢注人的利益。这时抢注商标就成了合法且权利稳定的商标，不再会被宣告无效。不仅是抢注他人的商标超过5年就不能被宣告无效，抢注他人的姓名、商号、书名、电影名、虚拟角色名等，如果5年内在先权利人不对该商标提出无效宣告申请，这些抢注的商标就都会变得合法且权利稳定。

这样的结果常常让在先权利人无奈又气愤。如果这个抢注成功的商标权利人反过来还对在先使用这个标识的人开展商标维权行动的话，在先权利人常常就感到"无比冤"。如何在法律公平和实质正义之间做好平衡，既遵守法律的规定，又维护诚信经营方的利益，是对执法和司法人员专业水平的重大考验。随着执法队伍和司法队伍专业水平的提高,绝大多数案件都被相当智慧地裁定了,但有的时候,也会出现僵硬执法的情况。这时在先权利人就会生出一种感觉:法律站在了"坏人"的一边,帮助了"坏人"。

立法和司法的目的肯定不是帮助坏人。事实上在法律问题上也不分"好人"或者"坏人",只作出"违法"或者"不违法"的判断。罗翔说:如果一个人标榜自己遵纪守法,这个人完全有可能是人渣。这句话其实就是指某些合法却不合情理的事情。法律确实不能全部解决人渣的事,但法律的全部努力都在避免为人渣做事。这也应该是复杂的法律中最基本的常识之一。商标法因其要解决时刻变化着的商业社会中的纷争,在实践中对法律人提出了更高的要求。法律人不仅要熟知法条,还要了解社会、洞悉人性、理解商业规则,这样才可能作出既不违反法律又不违背事实的裁定和判决。

这方面最著名的案例当属"非诚勿扰"商标案。当年《非诚勿扰》电影上映后大火,某自然人就申请注册了"非诚勿扰"商标在婚恋服务项目上。电影权利方并未在5年内对该商标提出无效宣告申请。5年之后,该注册人向法院起诉,称江苏电视台的《非诚勿扰》节目名称的使用侵犯了其注册商标专用权。二审法院支持了其诉求,判决侵权成立,要求电视台不得继续使用"非诚换扰"名称。该判决一出,引起了公众热议,因为这件"非诚勿扰"的商标标识,和电影《非诚勿扰》的片名表现形式一模一样,谁都能看出是对电影名的商标抢注。这样一件一看就"不合情理"的商标居然能够在案件中赢了全国热播的知名电视节目，不仅普通公众不能接受，连法律界人士也提出了诸多不同的看法。随后《非诚勿扰》电影权利方对这件商标提出了无效宣告申请，但都因超过了注册5年的期限，未得到行政机关和司法机关的支持。

当时江苏电视台觉得自己比窦娥还冤，立即声称不服从该判决，绝不更名。但由于该判决是终审判决，电视台最后还是执行了判决，修改了已经录制好的下一期节目，更名为"缘来非诚勿扰"，同时提出再审申请。好在再审判决改判侵权不成立，电视台又用回其"非诚勿扰"的节目名称。由于《非诚勿扰》节目在全国知名度很大，该案件也受到广泛关注，相信法官也是在相当谨慎和内心确信的基础上，才作出的判决。对于影响这么大的案件，不同法院还是作出了不同的判决，一方面说明法官有着较高的自由裁量权，另一方面也说明商标案件考量因素众多，做到既合法又合理需要高超的智慧。

类似的事情一直在发生。某家知名鞋子生产企业也遇到了。该企业用在鞋帮上的装饰图案被他人注册为商标。由于各种原因，该商标注册5年之内并未被提出无效宣告申请，这件商标的权利也就稳定了。现在注册人以侵犯注册商标专用权的理由向行政机关投诉，行政机关认定侵权成立，罚没了该鞋企委托加工厂的产品。该鞋企负责人说自己一辈子都在生产这款鞋子，一直用的这款装饰图，现在因为不相干的人在后注册了商标，就不能再使用这个装饰图，一万个不理解和不接受。

  法律最终要实现的目标是公平公正，让诚信者不亏，让投机者无利。但商标案件一直都带来众多争论和分歧。一方面是由于法律的规定未能及时跟上商业社会的发展变化，另一方面是由于诚信观念还相当欠缺。不管是不是"合法"，抢注商标都没有遵守诚信原则，用抢注成功的商标来通过"维权"获得不当利益，肯定不是法律所支持的行为。在不修改法律的情形下，目前只能寄希望于裁判者的智慧，让每个商标案件都能有一个法理通也情理合的结果。

25. 商标的悲伤可以用"关灯吃面"表达吗？

> 现在有一种观点认为，只有把和自己相关的所有词语都作为注册商标归属自己名下，才算实至名归，心里有底。这其实算是一种什么都想占有的穷人家思路，有智慧的人总是有选择地去拥有值得拥有的。

这两年，商标作为一项财产的概念深入人心。特别是商标转让费、商标侵权赔偿都不断创出上千万元甚至过亿元的纪录，让更多的人关注到商标的价值飙升。不过，让财经频道也大范围报道起了商标的事情，甚至和股价发生了联系，依然算得上商标的"意外之喜"。2022年2月，近3000亿元市值的互联网券商龙头东方财富的股票大跌，有热心网友发现东方财富申请了"关灯吃面"商标，就把二者联系在了一起，似乎是因为申请这个商标的不吉利影响了股价的走弱。随后财经媒体就广泛报道这件事。有一点理智的人都明白这种关联相当牵强附会，但说明抢注热词作为商标的行为已经上了新高度，不仅是那些上不得台面的游兵散勇在抢注商标，就连堂堂正正赚大钱的公司都不管不顾地入场争夺了。

"关灯吃面"一词最早出现在东方财富股吧里的一条发帖。2011年12月8日，重庆啤酒"黑天鹅"事件爆发，股价连续一字跌停，迅速从80多元的高点回落至20元左右。12月15日，一名网友在东方财富重庆啤酒吧发表了一则帖子，标题为《一边吃，一边哭》，内容简短："今天回到家，煮了点面吃，一边吃面一边哭，泪水滴落在碗里，没有开灯。"引来了股民、网友的共鸣，有人高度评价这句话简练表达的悲伤之情。后来，这句话也被简缩为"关灯吃面"，迅速在网络传播，逐渐被引申成为我国股民群体内心痛苦的特有表达方式。

股价有涨有跌本是正常。东方财富作为证券的大热门股，三年多从5块涨到了39块，回调一下也不是什么意外之事。但不管什么原因的大跌，总会让股民有种"关灯吃面"的感觉，以至于连东方财富申请注册"关灯吃面"的事也被挖了出来。东方财富是这样解释的：公司运营的论坛里十多年前出现"关灯吃面"这个词，近期发现有些公司和个人在注册"关灯吃面"商标，为防止恶意注册或利用，公司在2021年8月3日提交商标注册申请，以进行保护。

这种解释听起来似乎说得通，因为现在有一种观点认为，只有把和自己相关的所有词语都作为商标注册在自己名下，才算实至名归，心里有底。这其实算是一种什么都想占有的穷人家思路，有智慧的人总是有选择地去拥有值得拥有的。确实，就如同其他的网络热词一样，"关灯吃面"这个词也没逃脱商标囤积者的关注，早在2015年就有人注册了"关灯吃面"的商标，指定使用在餐馆等服务项目上。不知道这个商标是不是真的被作为餐馆品牌使用了，也不知道那家餐馆是不是真关着灯，反正这么悲伤的面，大概率一般人也难以下咽吧。随后又有其他人在不同的商品和服务上申请了"关灯吃面"的商标，基本也都核准注册了。2021年8月，东方财富公司在金融服务上申请了"关灯吃面"商标。这么讲究吉利的金融业，大概也没有人会愿意和一个满是悲伤的"关灯吃面"的金融品牌打交道。这件商标的注册目的完全纯粹是注册占有。但商标的真正目的是使用，而不是占有。只有使用了的商标，才有注册保护的意义和必要。抢注商标完全是一种投机行为，重则违法，轻则无聊。如今连这么高大上的金融机构都来抢注一件听起来不那么舒服的商标，这投机的风刮过的范围真是足够广阔。东方财富申请注册"关灯吃面"商标的行为，让我这个商标人生出了一种"关灯吃面"的情绪来。

还好大公司抢注热词不全是只为占有，也有真的用的。比如瑞幸咖啡（中国）有限公司申请的"歪歪滴艾斯"商标，就还真的有用的意图。这件商标于2021年注册成功指定使用在国际分类为广告销售、方便食品等服务和商品上。"歪歪滴艾斯"是"YYDS"的音译。YYDS是个网络流行的缩略语，最早出自电竞圈的一名主播之口。该主播是职业选手"UZI"的粉丝，在直播当中多次称赞："乌兹，永远的神。"后来，YYDS被当作感叹词迅速被大量使用，应用场景也不断扩大，几乎可以用来赞美一切。一句话，万事万物，一切皆可成神。

瑞幸咖啡应该就是看中了"YYDS"的影响力，2021年5月推出《瑞幸YYDS》广告宣传片中，利路修在喝过瑞幸的夏日冰咖后，表情从原本的想下班变成了愉悦积极，文案则是"陨石拿铁，YYDS""冰厚乳拿铁，YYDS"，等等。虽然严格来讲，这里用"YYDS"这句流行语，只是简单粗暴地称赞瑞幸冰咖好喝，并不是商标的使用，但好歹也算是使用了这个缩写，同时申请注册商标似乎还有一点情有可原。

语言永远是随着社会的发展变化不断变化的，新的词汇和表达也永远会层出不穷。热词吸引的是眼球，眼球带来的是利益，商业机构造出新词，有人盯着热词都无可非议。只是把新词热词注册为商标并使用为品牌也需要合法合理合情。冰墩墩是北京冬奥会的新词，热的程度是遍及全球。虽然冬奥组委会已经积极地注册了冰墩墩商标，甚至连立体商标都注册了，也依然挡不住他人抢注这个词作为商标的行为。当然冰墩墩属于人所共知的名花有主，抢注者明显地具有不当得利的恶意。抢注的商标申请最后都被驳回了，有的申请者还受到了处罚。

在这个什么都有可能的时代，可以在不同的场合喊一句

"歪歪滴艾斯",或者如瑞幸咖啡把流行语"YYDS"作为商业营销的手段,这都属于正常思维,毕竟还是对生活有一种向上向前的姿态。商标是正常商业社会诞生和使用的正常商业标志,本应该回到商业社会中用以识别商品来源的本质功能上来。而被炒上热搜的各种商标事件似乎都与此基本功能无关。这倒也符合新闻的本质,不寻常的事才能被关注。就如"关灯吃面"商标和股价这样本来不相关的事物联在一起,才有了被八卦的资质。只是人咬狗这种事,偶尔发生一次可以接受,经常发生的话,是不是就得思考一下是不是哪里出了问题。

26. "商业"一词才是商标的重点和核心

> 所有商标问题的解决都必须紧密结合具体的商业过程和商业模式,而不能教条地以某个标准或某个指南为依据。标准或指南只提供解决问题的思路,而不是如一加一等于二这样的不可改变的答案。

2022年的世界知识产权日主题是"知识产权与青年:为更好的未来而创新"。可见如今的年轻人是超乎想象的强大,是拥有巨大潜力的知识和创造之源。我也看好青年人,我的商标文的读者群主要是刚从事知识产权工作的年轻人。就如一位山东的"90后"读者很兴奋地告诉我,他要转行从事商标代理工作了,并信誓旦旦地说要把知识产权作为此生的事业。我鼓励他好好奋斗,也祝福他事业有成,但更加郑重地告诉他,商标很难,做好商标的事情真的不容易。

这是我的切身体会。在我刚从事商标评审工作的时候,曾经非常不理解已经从事了十几二十年的同事还在讨论商标近似这个基础的问题,如此经验丰富的专家难道不应该对这个问题成竹在胸吗?如今我从事了将近二十年的商标工作,也算是商标行业的资深从业人员,却更加深刻认识到商标近似判断永远是个值得讨论的问题。因为这个问题产生的商业社会基础是发展变化的,而每个具体的商标案件也充满个性,讨论自是不可避免也完全值得。

商标是商业标志。"商业"一词才是商标的重点和核心。标志很多,但只有和商业紧密结合起到区分商品的那个标志才是商标。所有商标问题的解决都必须紧密结合具体的商业过程和商业模式,而不能教条地以某个标准或某个指南为依据。标准或指南只提供解决问题的思路,而不是如一加一等于二这样的不可改变的答案。事实上,在商业社会一日千里的发展进程中,某个标准或指南常常在制定的那一刻就已经落伍了。法律不可或缺,然而滞后性也不可避免。法律从业者要清楚地知道机械的执行标准不能解决所有的问题,弄不好还会带来新的问题。

在涉及商标权利纠纷时,判断两个商标是否构成近似是必须做的基础。只有两件商标构成近似,确权程序中在后申请的商标才不予注册或者被宣告注册无效,侵权程序中涉案商标的使用行为才有可能构成侵权。也就是说,任何一个从事商标工作的人,无论是审查员、法官还是律师等,掌握近似商标的判断标准是必备的专业技能。但事实上，我还没有遇到一个人声称自己准确地掌握这个标准。

商标的判断有一个非常重要的前提，即两个商标是使用在同一种或类似商品或服务上，而类似商品和服务的判断则主要依据《类似商品和服务区分表》。如果两件商品在《类似商品和服务区分表》上不是类似商品，则可以同时注册一个商标标志。比如产生了较大纠纷的"稻香村"商标就分别被两家企业注册在了点心和粽子上，因为在《类似商品和服务区分表》上，点心和粽子不是类似商品。但在实践中，两家企业在卖点心的同时，每到端午节也同样卖粽子。消费者也相当习惯这一点。

还有官司打得热闹的"虎牙"商标案。杭州虎牙公司享有第35类"广告策划"服务上的"虎牙"注册商标，而广州虎牙公司也在其他服务和商品享有众多的"虎牙直播"注册商标。虽然消费者早已习惯大品牌跨行业经营的现实，商标确权规则却努力造成事实上商标"法定共存"的现象。而新的商业形态是什么平台都有广告这一项业务，所以当虎牙直播平台也顺理成章地做广告时，就和杭州虎牙在先广告上的商标权产生了冲突。

这样的案件无论作出怎样的判决，都会引起众多的争论。因为商业模式并非按照《类似商品和服务区分表》来运行，新服务和新商品的诞生也没有因为有一个《类似商品和服务区分表》就停止过。一般来讲，侵权程序中裁判者能够作出更加符合商业社会现实的裁定，重要原因就是在侵权案件中有大量的证据可以查清商标使用行为的真实情形，而不是仅仅依据"纸上"的标准作出判断。

但越贴近新的商业实际，可能离旧的标准越远，这对任何一个人都是巨大的挑战。商标的难就难在"商业"二字。动态变化的商业模式不仅改变人们的消费习惯，也改变人们的认知。而解决商标纠纷的努力，目的都是保护和支持品牌在市场上健康发展。离开品牌的市场实际谈商标问题，在我看来就如同关在屋里谈越野跑，说得再头头是道，也解决不了跑步遇到的各种问题，最严重的事故也许会让跑步者付出生命的代价。

商标从来不是一个小小的标志的问题，而是商业的利益问题，是社会经济发展的问题，是连接着生产者和消费者的民生问题。在这个问题上，既要有法可依、有法必依，又要具体问题具体分析以实现实质正义。打造品牌不易，打造成百年民族品牌更不易。不管商标制度是怎么规定的，也不管商标权利在谁的手里，解决商标纠纷的最终目的还是维护良好的市场秩序，为诚信经营的品牌保驾护航。

毫无疑问，最终做好商标工作也要靠青年一代。这一代人是随着国有品牌的成长而成长起来的，很多人本身就是新民族品牌的创建者，对品牌的市场实际中的新商业逻辑有着更好的理解。这必将促使他们在商业工作中更多地结合市场来考量问题，判断商标近似时，不再僵化地仅仅考虑商标标志本身在文字、图形、字母、数字、三维标志、颜色组合和声音等商标的构成要素在发音、视觉、含义或排列顺序等方面整体差异大不大，也不是仅仅依据该商品在商品与服务区分表上是否类似。

　　这是我美好的愿望。这个愿望的实现建立在对商标问题有着深刻理解的基础上。由于在实践中看到很多从各行各业转到商标行业的年轻人，转行的一个重要理由是商标入门比较简单，这让我常常为他们的前途捏一把汗。这世上本就没有简单的事，更没有简单就能干好的事。所以，商标作为商业标志总是在变化中，做好这项工作需要扎实的理论功底，也需要强大的对现实的洞察理解能力，不是一件容易的事情。

27. 对一起商标维权案的感慨

> 这就是商标的有意思之处,从法律人的理性角度,我既知道人家提出侵权诉讼的合法性,也明白人家可能还有自己的合理性,但是从一个感性的消费者角度来讲,我又觉得这是完全不会混淆的三家餐馆,提出维权不太合乎常识。

商标权的取得需要本人申请,经由国家知识产权局审查公告并授权,因此商标权是一种内容明确、权属清楚的法定权利。理论上讲,任何一个已经拿到商标注册证的商标权利人,只要自己认为他人的商标使用行为侵犯了自己的注册商标权,就可以提出商标维权请求。至于他人的行为是不是真的构成侵权,那是法院来判定的事情。所以,依法定程序提起侵权诉讼是原告单方面的事,并不需要经得被告的同意。

但是当朋友发了一份商标侵权起诉状给我的时候,我还是发出了一声惊叹:"哎哟喂!"作为一名专业人士,如此感慨的原因不是因为这事很奇怪,而是因为这事居然一而再地不停发生。2021年,"青花椒"商标权利人委托律师进行了批量维权诉讼引起了社会公众的强烈不满和巨大关注,该案二审公开审理并判定被告使用"青花椒"文字的行为不构成侵权。这个判决也被媒体广泛报道,甚至写进了最高人民法院工作报告中。经此一案,相关人员特别是法律人士对于商标的合理维权理应有了足够深刻的认知,在代理相关案件时理应更加审慎。

因此,当我看到"南京大牌档"权利方又委托律师开始了批量维权后,才会发生感叹。"南京大牌档"商标所有人认为"巢州大牌档"和"合淝大牌档"的使用侵犯"南京大牌档"商标和"大牌档"商标的专用权,分别提出了200万元、300万元的赔偿请求。

这感慨真是很个性化,完全是我的感觉,既不表示人家维权不对不合理,也不表示人家维权注定不会赢。我在"南京大牌档"吃过饭,味道不错,记得当时还讨论了一下这个商标。只是作为消费者,我明确地识别出这个餐馆名,也就认为在商标显著性问题上,其实真不需要苛求。不过,虽然我没有去过"巢州大牌档"和"合淝大牌档"吃过饭,但我相信我是肯定不会把这三家餐馆混淆的。如果有人请我吃"合淝大牌档",我不会走进"南京大牌档",差着省呢。

正因为内心确信这三个大牌档不会混淆,所以我才对

"南京大牌档"提起侵权诉讼表示了感慨。虽然人家也许坚定相信就是发生了侵权行为,毕竟我也不能保证每个本来想去南京大牌档餐馆吃饭的人,都不会误走入了"巢州大牌档"餐馆。这就是商标的有意思之处,从法律人的理性角度,我既知道人家提出侵权诉讼的合法性,也明白人家可能还有自己的合理性,但是从一个感性的消费者角度来讲,我又觉得这是完全不会混淆的三家餐馆,提出维权不太合乎常识。

有一点必须探讨的就是,这里的在先商标是"大牌档"而不是大排档。我一直以来根本没关注"大牌档"与"大排档"的区别,但"排"与"牌"真的是两个不同的字,赶紧网络查了一下。百度知道说"大排档"原名"大牌档",将固定摊位的大号牌照初装悬挂,因而得名。搜狗汉语说"大牌档"是方言,领有执照,在街旁出售食品、杂物的小摊。《简明香港方言词典》中说"大牌档"是闹市路边摆设的熟食或卖衣服、杂货摊(香港地方特色之一)。历史我考究不清楚,在我的概念里,"大排档"也好,"大牌档"也罢,就是个吃饭的地方,只不过南京的是南京味,合肥的是合肥味,巢州的是巢州味。

只是按照上面查到的释义,"大牌档"这个词用在餐饮服务上就是不能起到区别不同服务提供者的功能,也就是说不能让消费者将之识别为商标,缺乏商标显著特征,不能作为商标注册。而事实上,"大牌档"商标注册了,而且在使用中"南京大牌档"也能让大家知道这是一家具体的餐馆。这也是商标的特别规定之处,就是一个本来不能识别来源的文字,作为品牌大量使用后，消费者已经完全接受了其作为商标的功能，这时法律规定其可以注册为商标。但注册为商标后，别人还能不能用"大牌档"这个词呢？这就是产生分歧之所在。

我认为能用，因为这是合理正当的使用。一个文字注册为商标了，并不表示他人就完全不能使用这个文字在商标中了，只有发生两个商标被混淆误认的情况或者贬低泛化在先驰名商标声誉的时候，在后商标的使用才有可能构成侵权行为，也就不得使用。由于"大牌档"本来就是指餐饮服务的，所以就算是注册了商标，他人依然可以使用，只要能够区分就好了。

当然这是我的个人观点。有人明确提出了不同看法。我们互不认同，事实上也基本会甚至一直互不认同。这就是商标纠纷的难点。总有些看似简单而明确的事实，在不同的人眼里出现横看成岭侧成峰的结论。但我还是觉得我的担心不是多余的。我在网络上查询时，输入"大牌档"三个字后，下面跳出来了南京大牌档、回魏大牌档、长安大牌档、五马集市大牌档、品胜大牌档等词汇，可见大牌档已经被广泛使用了，也就意味着可能出现了很多的官司。果然，经查询，2021年"南京大牌档"将"淮安大牌档"告上法庭，且法院判决是侵权成立。"南京大牌档"拿到了赔偿及维权合理费用8万元。

不知道"南京大牌档"具体提起了多少件诉讼请求。一般来讲，一旦尝到了诉讼的甜头，就会大规模地发起诉讼，因为商标作为商业标志，产生和使用的目的就是获取利益，能够独自垄断使用"大牌档"三个字本身就可能带来市场利益，现在打官司还能挣到钱，何乐而不为呢？

作为商标人，我是坚决支持商标权人的维权行动的，但注册商标并不是尚方宝剑，想砍谁就能砍谁。维权是权利人的权利，但维权不当的话，需要赔偿对方的损失。不知道"南京大牌档"如此大规模的维权会如何收场，但如果连我这样的老商标人都发出如此的感慨，想来也会是一个争论不断的难题了。

28. 侵犯知识产权行为的输与赢

> 侵犯知识产权这件事就是这样,可能会闹得沸沸扬扬,也可能会赔得倾家荡产,但也可以大事化小,小事化了。在权衡利弊之后,追求的不过是你好我好大家好,而且最重要的是你好我好。

每年五月份都会过的小满节气,2022年因了一则广告格外地有人气。5月21日小满当天,奥迪公司发布了一则两分多钟的刘德华主演的视频广告。刘德华以艺术家的风范朗读了一段文字,解说了小满节气的意义。内容如下:"有小暑一定有大暑,有小寒一定有大寒,但是小满,一定没有大满。因为大满不符合我们古人的智慧。"最后还读了一首诗:"花未全开月未圆,半山微醉尽余欢。何须多虑盈亏事,终归小满胜万全。"这则广告,视觉效果优美,文字内涵悠远,又有刘德华加持，很快产生了刷屏的效果。评语基本也是一边倒的赞美，奥迪不愧是奥迪，华仔到底是华仔，出手就不凡。我就因为看到朋友圈多人在转发，才打开看了广告。看完之后也很欣赏最后一句"终归小满胜万全"，默默读了两遍。

然而第二天，朋友圈刷屏的就变成了另一位博主北大满哥的视频。在这则视频里，北大满哥称奥迪公司抄袭了他的创意。他放出了2021年5月小满节气时，他发布的小视频，一句一句对照，毫无疑问地可以证明奥迪的广告抄袭了他的方案。特别是最后的那首诗，除第一句是借用古人的外，其余三句是他的原创。由于我之前已经关注了北大满哥，并多次看过他的小视频和直播，几乎在第一时间就相信了他的话。发现奥迪广告是抄袭的感觉真是相当复杂，就好像刚刚在五星级大饭店吃了一顿大餐，还在回味着高级饭店不同一般的食材和味道，却被告知这饭是隔壁小店做的，只是换了一下盘子端了上来。

且不讨论换个盘子是不是会改变味道，只是这公开拿别人的东西哗众取宠的行为，实在是有违诚信原则，而且还实实在在地构成了侵权。当天，奥迪公司公开道歉并下架了视频，刘德华本人发表不知情声明并下架视频，承办方的广告公司也随后道歉。一时间，各大媒体争相报道，各方人士纷纷评论。我所在的法律圈也一样从法律的层面作了各种解析，奥迪是不是侵权，刘德华是不是侵权，广告公司是不是侵权，侵权的话要承担怎样的责任，等等。

侵权是肯定的，但责任是可以不承担的。很快北大满哥就又声明说，事情已经解决了，奥迪公司也给他道歉了，他也承诺免费许可奥迪公司使用这个文案。生活还在继续，大家继续向前。一出热热闹闹的乌龙事件，就圆满收场。这可能让有些看热闹不嫌事大的人有点失望，但这正是知识产权侵权案件的一个特点。知识产权是私权，只要当事人不追究，别人就没什么权利说东说西。

我对这个结局一点也不意外。这是必然的结果。奥迪公司是知名公司，在铁定的事实面前低头认错是最好的方案。而北大满哥也是有着四百万粉丝的博主，大方地接受道歉并接受因此而带来的知名度也是不错的选择。反正就是一个广告而已，因为接连的炒作，无论是奥迪、华仔还是北大满哥都超过预期地实现了广而告之的结果，皆大欢喜。

侵犯知识产权这件事就是这样，可能会闹得沸沸扬扬，也可能会赔得倾家荡产，但也可以大事化小、小事化了。有时看起来激起了巨大的水花，却也能很快就归于平静。毕竟这不是什么家仇国恨，这只是利益之争。在权衡利弊之后，追求的不过是你好我好大家好，而且最重要的是你好我好。反正只要知识本身存在，就是对大家都好。就如作为读者的我，才不关心"终归小满胜万全"这句诗出自谁的手，合我心意就够了。

后果可控。这就是有人敢于公开抄袭他人作品的重要原因之一。我相信经过几十年宣传和建设，广告公司也好，奥迪公司也好，统统是懂得抄袭属于侵权行为。关键就在于，不过是短短的几句话而已，就算是侵权了又能怎样？作为看客，不知道奥迪公司或者广告公司内部是如何处理这件事的，但从公开的事情经过来说，真的不能怎样。事实上也没有怎样，奥迪还是奥迪，靠的是过硬的技术占领市场；华仔还是华仔，靠的是几十年的声誉吸引粉丝；满哥还是满哥，依然每天早上六点多开始直播，讲小朋友教育的问题。相关公众或吃瓜群众并不会因为一个广告抄袭事件，就不买奥迪的车，不看华仔的戏，或者去听满哥的直播。从奥迪广告方案抄袭这件事来说，那就是一个抄得有底气。

底气来自自身在市场中占有的分量，来自东窗事发后的利弊衡量。知识产权之争，本来就是个利益分配的问题，也就是钱能解决的事。那有钱的人可能就稍微表现得"横"一点，该抄则抄，该认错则认错。再说抄袭方案其实也体现了对这段文字的表达形式和寓意的认同，作为小人物能被大机构认可，常常有一种不胜荣幸的感觉，还要什么钱？如果奥迪公司之前取得了北大满哥的许可才使用这段方案的话，相信北大满哥也会乐呵呵地把这一事件当作成绩讲出来。

市场就是市场，胜者为王。知识产权作为产生于商业社会的一种利益分配的权利，本来就是市场的一部分。虽然署名权等权利不能用金钱来衡量，但为了金钱放弃署名也是市场交易中一直存在的事实。知识产权作为一种私有权利，当事人按照市场规律来决定维护权利或者放弃权利，也是再正常不过的选择。

当然这并不是说，只要足够强大就可以肆无忌惮地侵犯他人的知识产权。侵权毕竟是违反诚信原则的事，拿不上桌面。事发之后损失的也不仅是金钱，还有声誉。只是声誉的重要性因人而异，也许重如泰山，也许轻如鸿毛，各自心中一杆秤，各自关门都在称。亏了，还是赚了，心中有数，无关他人。

另一件商标侵权事件也可以说明这一点。主营炒菜的小放牛公司，以醒目方式将"炒菜界的海底捞"标注于海报、菜单、餐具、员工服装等显著位置，"海底捞"三字还往往予以突出。小放牛公司认为使用该字样是为了表达对海底捞的崇敬和学习，而非攀附海底捞公司的声誉。但法院认定其在餐馆装饰及微信公众号中使用"炒菜界的海底捞"字样行为构成商标侵权及不正当竞争，判决其停止涉案使用行为，公开消除影响并赔偿海底捞公司经济损失及诉讼支出95万元。

小放牛公司在案件中败诉了，也付出了金钱的代价。但从事商业行为哪里不花钱？正经做个广告也得拿出真金白银。就算是我这个知识产权从业人员，确信认定其侵权行为成立，但心里也还是承认这是一家有理想的认真做菜的餐馆，下一次走过路过或许还真会去品尝一下。输了官司赢了市场的话，所有的输最后都是赢。

29. 卖真货也能构成商标侵权的理解难度

> 法院认为商标具有识别商品来源的基本功能，也具有质量保障、信誉承载等衍生功能。商标的功能是商标赖以存在的基础，对于商标的侵权足以达到损害其功能的程度的，不论是否具有市场混淆的后果，均可以直接认定构成商标侵权行为。

法律的目的是保护正当利益。只是随着时代的发展，正当利益的概念也是发展变化的。有些行为基本上被一致视为不正当，比如抢注商标，经营假冒、山寨产品，这些行为从主观意图上就是去侵犯他人的商标权。但对有些行为是否正当的认知分歧较大，比如把他人的商品重新包装或者分装后售卖，不改变商标，只变了包装的方式，售卖的人认为自己想到了聪明的法子去推销他人商品，却不想人家不仅不领情，还告上了法院，最后不得不赔钱。比如五芳斋商标案件中，我就相信被告主观上没有侵权的意图，以为自己是正当行为。只是商标侵权成立的认定并不以是否有侵权意图为前提，只要客观上损害了权利人的利益，就要承担侵权责任。

这起案件的事实不复杂。"五芳斋"创始于1921年，是"中华老字号"，以生产粽子最有名。五芳斋公司既卖散装的粽子，也卖礼品盒装的粽子。每到端午节，送亲朋客户一盒五芳斋粽子那是相当上得台面的事情。

2018年，五芳斋公司发现市场上有人卖礼盒装五芳斋粽子，用的不是他们家的礼盒。于是就以这两家公司侵犯其在先注册的第9720610号"五芳"商标、第10379873号"美味五芳"商标、第331907号"五芳斋"商标专用权为由，起诉到法院。被告的两家公司彼此是合作关系，一家公司从五芳斋公司授权的代理商那里购进散装的五芳斋粽子，然后又自行印制了礼盒包装，另一家公司进行组合销售。两家公司认为，反正粽子是正宗的五芳斋粽子，没有造假，装在什么盒子卖是没有关系的。但是法院认为，这种行为构成侵权，判令二公司立即停止生产、销售并销毁含五芳斋商标标识的包装盒及商品，共同赔偿五芳斋公司经济损失及合理开支共计30万元。

一句话概括这起案件的事实就是：粽子还是那个粽子，盒子不是那个盒子。以普通人的一般认知，没有卖假货，没有卖山寨，老老实实说是你家的粽子，还设计了好看的礼盒，帮你家卖了更多的粽子，你居然说我侵权？这是什么道理？

别说是普通人，就是法律人士，对这个道理也要绕来绕去才能讲明白。法院是这么说的：虽然散装粽子是来源于五芳斋公司的正品，但被控侵权的粽子礼盒与五芳斋公司的正品粽子礼盒并不一样，外包装和销售价格均有区别。将散装粽装入假冒礼盒中对外销售，会使相关公众对礼盒粽商品产生混淆误认，破坏礼盒上的注册商标与礼盒内商品的来源指示关系，侵占正品礼盒粽的市场份额，对于五芳斋公司的商业声誉产生影响。

这种表述并没有得到一致的认可，专业人士还是存在不同的观点。因为长期以来实践中都把是否导致消费者混淆的可能性作为判定商标侵权的关键所在，而这起案件中消费者并没有产生混淆，买到的就是五芳斋粽子，只不过没有装在五芳斋公司制作的礼盒中。如果说存在误认的话，也不是误认了粽子，只是误认了装粽子的盒子。消费者关心盒子是谁出产的吗？以我作为消费者的经验，不关心。我只关心产品是谁生产的。

但五芳斋公司关心，他们坚决不同意别人把他家的粽子装在不是他家出品的礼品盒中出售，就算盒子上写着"五芳斋"也不行。为什么呢？原因很简单，因为五芳斋公司卖的礼盒粽子很贵，而两家被告的礼品盒卖得便宜。用判决中的表述，是这种行为"侵占正品礼盒粽的市场份额"。用某专家的话说，是"商品重新包装后销售的行为，其实就是销售商对制造商'搭便车'的行为，属于品牌内部竞争"。用大白话说就是，虽然你可以卖我家的粽子，但你不能挣我本来要挣的钱。礼品粽盒显然比散装粽子利润要高得多,你们把我家的散装粽子都装成礼品盒卖了,我家的礼品盒卖给谁?这么一想,这两家被告确实是损害了人家的利益。

商标就是商业标志,使用的目的就是获得商业利益。市场声誉良好的商标就能获得品牌溢价,也就是可以卖得更贵,赚钱更多。但市场声誉不是一蹴而就的事,是通过多年的质量保证和服务才获得的,谁也不想让别人平白就分一杯羹。商家当然愿意更多的人帮他经销,所以批发价和零售价才不一样,让一部分利润给经销商。但是经销商只能赚权利人愿意让你赚的钱,经销商自己生了法子想多从原厂家薅羊毛,就会惹怒原厂家,一不留神,成了被告,偷鸡不成蚀把米。

不仅把散装商品包装起来卖侵权,把大包装拆开来散卖也侵权。某人购进16斤包装的不二家糖果之后,分成小包装卖出。原厂家也认为侵权,将经销商告上法庭。法院判决侵权成立。法院认为,虽然被告分装、销售的三种规格的涉案产品中的糖果本身系来源于不二家公司,且其使用的三种规格的外包装上也附着了与涉案商标相同或相近似的标识,从相关公众的角度来看,并未产生商品来源混淆的直接后果,但是商品的外包装除了发挥保护与盛载商品的基本功能,还发挥着美化商品、宣传商品、提升商品价值等重要功能,而被告未经不二家公司许可,擅自将不二家公司的商品分装到不同包装盒,且该些包装盒与不二家公司对包装盒的要求有明显差异,因此,被告的分装行为不仅不能达到美化商品、提升商品价值的作用,反而会降低相关公众对涉案商标所指向的商品信誉，从而损害涉案商标的信誉承载功能，构成商标侵权。

这个案件中，被告也是各种不服：我给你卖东西，你居然告我？真是一万个不理解。被告讲了如下五点理由，听起来哪个都蛮有道理。第一，虽然包装的材质、大小、式样有明显差异，但是里面装的糖果是不二家的糖果，里面的糖果包装没有任何改变，只是将不二家盒装的包装件更改为100克等小包装，在更换包装后仍保留了不二家的商标。第二，虽然更换了包装，但如实告知消费者该商品是不二家的糖果。消费者一般不会直接接触到16斤包装的产品。第三，更换包装时如未使用不二家的商标或使用别的商标，才会使消费者对不二家的商标淡化。第四，换新的包装盒进行促销并未损害不二家的价值，反而使用了新的包装装饰，提升了不二家的价值。第五，商标权人在商标上的权利，主要是禁止权等，无权阻止他人进行转售等，并未实质性改变商标，也未实质性改变产品上的商标，其对商标的使用是指示性合理使用。

可惜这么头头是道，却没有得到法院的认可。法院认为商标具有识别商品来源的基本功能，也具有质量保障、信誉承载等衍生功能。商标的功能是商标赖以存在的基础，对于商标的侵权足以达到损害其功能的程度的，不论是否具有市场混淆的后果，均可以直接认定构成商标侵权行为。

对于法院的这个判决，别说被告不理解，我作为专业人士也是费了很大劲才理解。这么多年一直坚持只有混淆误认了商品来源才构成商标侵权，这里又说不论是否具有市场混淆的后果，都可能侵权。这个认定错了吗？

没错。因为商标就是利益，任何不当得利都不被允许。商品是人家的，商标的声誉也是人家的，人家有权利决定这个商品怎么销售，商标怎么使用。不按人家的方式使用，就有可能分割了人家的利益。利益受到了侵害，告你也正常啦。

只要和商业利益挂钩的事都复杂，商标案件的变化也就实属正常了。

30. 一个商标人的不正常感慨

> 希望随着打击商标抢注行为力度的不断加大，抢注行为越来越少。厂家都是正常使用注册商标的厂家，我也是个正常地提供法律普及的商标人。

买了套彩笔，只是因为看到视频介绍里颜色雅致。到手后试了试，效果没有期望的好，但也总有机会用到，就留了下来。这套笔叫"柔绘笔"，显然是商家起的新商品名称。出于职业好奇，我想知道是不是有人也去注册了商标，经查询发现还真没有"柔绘笔"商标申请，看来做笔的行业还是比较讲武德，没有去把新的商品名称通过注册商标占为己有。

后来发现这套笔的商标是"点石"，没有使用注册商标标记，就又查了下厂家是否有注册商标。查询得知厂家共申请了70件商标，其中包括8件"点石"商标，最早的一件注册于20年前。看来这是一家真正做品牌的企业。既然现在依然还在销售"点石"笔，说明这家企业也坚持做了"点石"这个品牌。

品牌20年没有变，一直是"点石"。但商标一直在变，而且一直在申请。从2001年起，在随后的2013年、2016年、2019年、2020年、2022年，这家企业一共在第16类笔、文具等商品上申请了8件"点石"商标。这些商标的标识表现形式略有不同，使用了不同的字体。也就是说，企业每换一次品牌LOGO的表现形式，都要重新申请一次商标。有意思的是，2022年申请的三件"点石"商标历史流程都显示被驳回申请了。我看不到驳回决定书，不知道驳回原因是什么。只是对于厂家来说，使用了20年的品牌，也拥有在先注册商标，20年后再次申请却被驳回了，肯定是极其郁闷。

品牌和商标就是这么不同。品牌完全是厂家自己做主，想用多长时间就用多长时间，想怎么改变LOGO的表现形式就怎么表现。无论怎么变，对于厂家和消费者来说这个品牌一直没有变，都是"点石"。但商标不同，就算是完全一样的标识，只要分别申请了两次，就是两件商标。如果LOGO表现形式发生了变化，比如字体不一样，更是不同的商标。为了每个LOGO都能得到法律保护，厂家不停地申请商标也就在所难免了。可并不是每一种LOGO的表现形式都可以注册为商标。比如现在的商标注册审查标准中，不规范字体就不能注册为商标。我猜想，该厂家2022年申请的"点石"商标大概就是因为不规范字体被驳回了。也就是说，在一件具体的商品上，品牌和商标都是由同一个 LOGO 表现的，消费者不会认错品牌，法律却可能不认可商标。

这种品牌和商标的区别，导致了商标注册数量的激增，也产生了无数的商标纠纷。我买的笔的包装上使用的"点石"LOGO，字体和 2019 年注册的商标一致。但厂家依然没有使用注册标志。可能是觉得加上注册标志不够美观，也可能仅仅是因为不敢使用，怕被查处。因为在包装上实际使用的这个 LOGO，不仅有汉字"点石"，还有两个变形的字母"DS"。严格来说，字母和汉字的组合使用商标和 2019 年注册的仅为文字"点石"商标还是不相同，还可被视为一个新的商标。

至于这家企业注册的其他商标，基本也都是在第 16 类的笔和相关文具商品上。商标名称也都是极易和文具相关联的文字，如校东东、校西西、走珠君、指间温柔、神仙色、动针芯，等等，这些商标有的获准注册了，有的没有获准注册。我还专门打开公司网页看了看，发现有的商标也作为主品牌点石的副品牌真实使用了。

文具笔作为一种日常消费品，消费者识牌购物，是典型的品牌依赖型行业。这家企业也深知其中道理，不仅企业名称和主品牌一致，都是"点石"，在宣传和使用中也努力突出"点石"品牌。从公开资料看，这是一家认认真真做品牌、做产品、做市场的企业。我就是在看过他们的广告后，成为他们的消费者。

踏踏实实做品牌，老老实实注商标，中规中矩用 LOGO。这家正常经营的企业，似乎没有什么可说可评的。让我感触的也不是这家企业的事，在我偶尔买笔之前，我甚至都不知道这家企业的存在。我感触的是我自己的不正常，作为一个资深的商标人的不正常反应。产品名称就是产品名称，怎么用也不会变成商标，以我50来年的社会经验，看到了"柔绘笔"的描述，我知道这是指某种类型的笔，不是指笔的品牌。我的商标审查从业经验又告诉我这个名字不可能在笔商品上注册为商标，可是我却去查这个种类名称"柔绘笔"是不是在笔商品上注册了商标。我为什么会做出这样的行为呢？

显然，在潜意识里我觉得有可能有人会去申请商标，也有可能这件商标会被核准注册。这有多种原因。可能是商家自己命名了一款新产品，想自己独占，就去申请了商标，但实际上市场上很快就将之接受为产品名称了，根本没人会识别为商标。也可能有的人明知道这是大家都认可的产品名称，还是去注册商标，然后通过商标维权来获得利益。而审查员不可能全面了解市场上的所有产品，特别是新产品，于是给予了授权。

像我这样从事商标工作的人，比普通人见到了更多各行各业抢注商标的案例。比如，2022年有人在中国和美国同时申请了"air fryer liner"商标，指定使用在烘焙纸等商品上。在亚马逊上，空气炸锅是超级爆款，与之配套的内衬纸作为消耗产品也相当畅销，这个空气炸锅用的一次性内衬纸的英文就叫"air fryer liner"。这些都是新产品的新名字，也迅速被公众接受。我相信去申请商标的人也知道这个事实，但提出了商标申请，并且以此申请在亚马逊提出了维权请求，一些商家的产品被迫下线。

　　本来，一款新产品推出后，各厂家应该做的是保证产品质量，做好品牌宣传，让自己品牌的产品更多地占领市场，而不是去把产品名称抢注为商标。抢注商标本是不应该发生的事，但因为发生得太多了，反倒见怪不怪起来，我甚至习惯性地查询一个商品名称是否被抢注。而在发现一个新商品名称没有被行业内任何人抢注时，又感慨起这世界还有人正常经营。仔细一想，应该感慨的是我的这种感慨本身。

　　希望随着打击商标抢注行为力度的不断加大，抢注行为越来越少。厂家都是正常使用注册商标的厂家，我也是个正常提供法律普及的商标人。

31. 商标注册，你的名字你做不了主

> 每个人的姓名永远可以变成自己代言的"品牌"，却不一定能注册为商标。

有两句话在当代社会相当励志，一句是"我为自己代言"，另一句是"再小的个体，也有自己的品牌"。没有比用自己的名字做品牌可以实现这两句话的意图了，也就真有相当一部分人用自己的名字或者身边知名人物的名字来做品牌，来申请商标。理想很丰满，现实很骨感。根据法律规定，好多名字根本就不能用作商标，当然也没办法当作品牌使用。

人名商标注册遇到的第一个障碍就是烈士的名字。2018年《中华人民共和国英雄烈士保护法》（以下简称《英烈法》）通过后，商标注册审查时，遇到像名字的标志，审查员就会先去英烈网查查是不是有英烈也叫这个名字。因为《英

烈法》第 22 条规定，英雄烈士的姓名、肖像、名誉、荣誉受法律保护。任何组织和个人不得将英雄烈士的姓名、肖像用于或者变相用于商标、商业广告，损害英雄烈士的名誉、荣誉。既然是任何组织和个人，当然也包括叫这个名字的商标注册申请人本人。比如一个叫李三的人，就很难把自己的名字"李三"的名字注册为商标，因为英烈网上明明白白地记载着，李三是河南省的一名烈士，牺牲于 1949 年。

有时商标申请人不是用自己的名字，是用自然界存在的事物或者假想的事物名称来申请商标，但不巧这个名称也是某英烈的名字，于是依然落入了《英烈法》规制的范围，比如"黄太阳"。"蓝月亮"是一个知名的洗护用品品牌，某公司想用"黄太阳"做品牌，可是"黄太阳"是烈士的名字，这位红军战士于 1932 年在福建省作战牺牲。于是"蓝月亮"依然灿烂于品牌榜，"黄太阳"却无缘于品牌界。

但法律不溯及既往，以前已经注册的个人姓名商标也还是可以继续使用。比如张亮麻辣烫，如果在 2018 年以后申请"张亮"这个商标，那就基本不可能了，因为有若干位先烈的名字叫张亮。但由于这件商标申请和使用均早于《英烈法》实施之前，所以还可以继续看到这个品牌。

那么以前已经注册了商标的名字，以后还可以继续注册吗？这个问题就要区别不同情况决定。王麻子品牌就遇到了这个问题。因为"王麻子"也是烈士的名字，他们在申请新的"王麻子"商标时，商标局在初步审查中就以烈士名字为由驳回了申请。但是在驳回复审程序中，给予了注册。行政机关认为，考虑到"王麻子"创始于1651年，2008年"王麻子刀剪锻造技艺"被国务院认定为非物质文化遗产，2010年被商务部认定为"中华老字号"。2020年申请人获得北京栎昌王麻子工贸有限公司100%股权，并受让取得北京栎昌王麻子工贸有限公司名下的"王麻子"系列商标。申请人为"王麻子"商标的正当传承人，申请人具有使用"王麻子"标识的合理理由，申请商标不会与烈士姓名产生联想，未违反我国《商标法》第10条第1款第8项的规定。

这也说明不是每个和英烈相同的名字都不能注册为商标，特殊情况还是特殊考虑的，只要不至于影响英烈的声誉，还是有注册为商标的可能性。比如在"应龙"商标审查中，行政机关驳回复审决定书，认为"应龙"为中国古代神话中的四大神龙之一，具有区别于烈士姓名的其他含义，用在"技术研究；科学研究"等服务项目上，没有不良影响。"胖王永"商标驳回复审中，行政机关认为，商标申请人王金舵，其父亲姓名为王永，且"胖王永"经多年使用已在当地具有一定知名度，于2016年被评为市级非物质文化遗产。申请商标用在指定商品上不会联想到烈士姓名，更何况申请商标中还包含"胖"字，申请人非恶意将英雄烈士王永的姓名用于商标。

人名除了可能会和千万名烈士重名，也可能和在世不在世的各行各业的名人重名。大多情况下，这些名字也不会获得商标注册。比如有个叫刘德华的人，就申请了一件"刘德华"商标，和电影明星刘德华同名。虽然该人也确实是以自己的名字申请商标，但鉴于相关公众更熟悉明星刘德华，在某公司提出无效请求后，这件商标的注册最终被宣告无效。理由是"刘德华"文字已经与艺人刘德华建立了高度密切的联系，故争议商标注册、使用在化妆品等商品上，不仅可能不正当借用艺人刘德华的知名度和影响力，从而使其合法权益受损，还难免引起广大消费者对相关商品与艺人刘德华之间关系的猜测和联想，进而产生误认和误购。事实上，在目前的审查实践中，审查员会对每个人名商标进行网络搜索，如果涉及名人，就会谨慎授权。所以，从法律上讲，还真不是每个小小的个体，都能以自己的名字作为商标注册。

还有一种情况更有意思，就是人名本身有特定含义。比如某人叫作"黄玫瑰"，她想把这个名字注册在食品类商品上，那么很有可能也不能获得注册。因为黄玫瑰可能被误认为指定商品的原料，或者仅仅表示了商品的原料。虽然注册人的本意是想让自己的名字作为品牌，只是这个文字组合本身具有明确的含义，相关公众看到后联想到的是玫瑰这件事物本身，而不是你。也就是说，一个人可以把自然界存在的事物名称拿来作名字，但这些名称能不能作为商标使用和注册，并不因为成为人名而有不同的法律考量。

在人名与商标的冲突中，还有一种情况就是用他人的姓名作为自己的商标使用和注册。这一般要获得他人的同意和授权，不然的话就可能构成侵权。姓名权是普通人的法定权利，就算是默默无闻的普通人，也享有姓名权，而且不仅对身份证上的名字享有姓名权，对笔名、艺名、网名、外号等各种名字，只要能唯一对应到具体的自然人，该自然人对这些都享有姓名权。"口红一哥"就被公众认为是带货达人李某某的称呼。李某某对初步审定的他人的"口红一哥"商标提出了异议，最后行政机关支持他的理由，裁定这件商标不予注册。

虽然注册商标可能侵犯他人的在先姓名权，但姓名的使用并不会侵犯他人的商标权。也就是一个文字组合，不管是不是他人的商标，你都可以使用为自己的姓名。虽然现在知名人物的姓名本身就是响当当的"品牌"，但这个"品牌"并不必然是商标，只要相关公众依然将之识别为姓名，就不存在侵犯商标权的可能。也就是说，每个人的姓名永远可以成为自己代言的"品牌"，却不一定能注册为商标。

32. 地名商标中地名和商标各安其所的难题

> 作为私权的商标权与地名的公共利益相争，大多数情况下都是商标对地名做出退让。这并不是说不尊重私权，而是"人心所向"。

地名商标有点特别。由于历史原因和认知分歧，对于一件地名商标的使用、注册、维权问题，专业人员总是争来议去，而普通公众则常常一头雾水。专业人士在讨论地名商标专用权的权利边界到底在哪里，而普通公众在追问这个名称的使用到底是地名还是商标。其实这是一个问题，就是当一个名称既是地名又是商标时，应该如何互不侵扰，各安其所。这真的有点难。

在我国商标体系中，有相当多的行政区划的地名或者公众知晓的外国地名商标，含有地名的文字组合商标更是普遍存在。比如在酒类商品上，由于酒的酿制原料、工艺、自然条件等因素决定酒的品质，因此过去各地基本以当地地名作为商标，几乎每个城市都有一款自己城市品牌的酒。现在依然活跃在市场中的还有"茅台""洋河""泸州老窖""衡水老白干""青岛啤酒""哈尔滨啤酒"，等等。1993年《商标法》修改后，县级以上行政区划名称不能作为商标使用，但已经注册的使用地名的商标继续有效，因此这些老品牌依然受到法律保护。

地名属于社会通用名称，最重要的功能是标示行政区划或者地理方位，具有公共性的特点。而商标是商业标志，最重要的功能是区别商品或服务的来源，是具有财产性质的私权，并被作为市场经济重要的竞争资源。理论上讲，社会公共资源不应成为个别主体的私有财产权利而被独占。但到目前为止，我国商标法是允许县级以下行政区划名称作为商标注册使用的，山川河流等地名更是没有限制。只是当地名注册为商标后，天然地会产生矛盾。一方面，商标权利人想要独享这件商业标志及其因使用而产生的商誉；另一方面，其他主体需要使用这个地名，而且随着这件商标的市场占有率增大，有更多的人想要使用这个地名。而地名使用的人越多，这件商标识别具体商品提供者的功能就越弱，更容易被识别为仅描述商品或服务产地。鄂尔多斯品牌做大之后，所在地的东胜市直接改名为鄂尔多斯市，于是在全国就看到很多的鄂尔多斯羊绒衫店铺，有时指的是品牌，有时指的是产地，需要消费者仔细辨认。

一个名称，是作为地名更让人熟知，还是作为商标更有名气，则是一个动态的过程。有时也相互促进，比如初始是青岛这个城市名称让青岛啤酒更容易记忆和传播，但随着青岛啤酒的消费者大量增加，青岛啤酒成为青岛市的标志之一，反倒使青岛城市更有名气。个别情况下，商标所有人就算是凭一己之力把一个地名商标做到较高知名度，但由于其同时还是地名，当地的人就觉得有权利享受这件地名商标的声誉，因为他们认为这件商标之所以能被大家喜爱，是因为使用了他们本身就可爱的地名。虽然公道自在人心，但人心和人心不同，这常常就成为一个无法判断的糊涂案。

所以从法律边界清晰这个角度来讲，地名从来就不是一个好商标。但好商标的判断从来不只有法律这一个层面，更重要的是市场层面。商标是商业标志，通过使用获得商业利益。商标能在商业活动中让公众迅速接受才是最重要的，而地名商标由于其固有地名的原因，天然带有亲和力，易于被消费者迅速看到并记住，而该地的悠久历史和风土人情则会让人们下意识地唤起美好联想，所以地名常常成为厂家商标的首选。实践也证明，地名商标确实在开拓市场方面自带战斗力。只是这种战斗力也带着天然的副作用，那就是没有阻止别人正当使用地名的权利。几乎每一个成功的地名商标后面都是一连串的纠纷。厂家常常是只想做个商标，最后却做成了当地的特产。这方面的例子数不胜数，如前面提到的鄂尔多斯羊绒衫。因此，从较长的一个历史周期来看，地名商标从市场层面看也不是一个好商标，除非做到如茅台酒、青岛啤酒这样的大品牌，否则很难成为百年老店。

还有另一个原因也让地名商标难以独占，就是和公共利益的冲突。商标权虽然是私权，但因其涉及消费者的利益，相比著作权等其他知识产权更具有特殊性，常常要考虑到公共利益。而地名则实实在在就是公共利益的体现。这就使得一旦发生地名商标的纠纷，在判断地名商标的显著性及正当性、合法性使用等问题时，考虑的因素变得复杂，既要注重对在先地名商标专用权的保护，也要充分考虑公共利益、消费者和相关经营者的合法利益。实践中要具体考虑五个方面的情况：一是使用人使用地名的目的和方式，使用地名的方式往往表现出使用目的；二是商标和地名的知名度；三是相关商品或服务的分类情况；四是相关公众在选择此类商品或服务时的注意程度；五是地名使用的具体环境、情形。这五个方面都是不明确或不确定的，使用目的需要推测，知名度总在变化。换句话说，就是一个字：难；或者八个字：具体问题具体分析。

凡事只要需具体分析，就充分表明其具有足够的独特性，不能生搬硬套。每个地名商标的使用者都要根据不同情况来保护自己的商标，而行政机关和司法机关对于已经注册和使用的地名商标，则要充分考虑各自实际使用状况、使用历史、相关公众的认知程度、使用者的主观状态等因素，给予恰到好处的保护。事实上，作为私权的商标权与地名的公共利益相争，大多数情况下都是商标对地名做出退让。这并不是说不尊重私权，而是"人心所向"。在同一行政区域内，除了商标权人之外的其他主体，都希望经营者之间善意共存、共同发展，不愿看到只允许一个生产者使用特定地名因而"垄断公共资源"，虽然事实上并不存在"垄断"，因为商标法并不禁止该区域其他生产相同产品的经营者标明他们的产品来源于该地。

  目前的商标注册的审查实践中，对地名商标的审查也越来越谨慎，多使用易使消费者对产地产生误认的理由驳回商标申请。地名商标的使用和注册从法律上讲也越来越困难，这倒也从源头上避免了注册后在使用中产生的纠纷。因此，对于还没有使用的地名商标，即便是已经注册了，最好的选择也是不要使用。世上那么多标志都可以作为商标使用，何必非要找一个注定伴生麻烦的地名来做商标呢。让地名只是地名，让商标只是商标，才最终是解决二者矛盾的根本之法。

33. 角色名称、书名的商标归属

> 创作者们终于可以放心了，无论是他们创作的书名、剧名还是其中的人物名，只要有足够的知名度，基本不可能被不相关的人来使用或注册为商标获利了。

我是金庸迷，读过他的全部武侠小说，其中最喜欢的人物就是令狐冲。金庸小说中的很多人物都特定地代表了某一类人，比如，说一个人像令狐冲，那绝对是意味着诚信和侠义，如果说是像岳不群，也就表示这人是"伪君子"，不可交也。我甚至觉得如果一个人没有读过金庸，在日常交流上可能都存在障碍，有时就听不懂别人在说什么。这么受欢迎的金庸作品，从人物名称到书名，用作品牌天然吸引眼球，也就有很多人以之来注册商标。

在十年前大部分这样的商标也真的注册了。因为当时商标审查两部分内容，一是这个商标标志本身能否作为商标使用或注册，二是这件商标是否和在先申请或注册的商标构成使用在同一种或类似商品上的近似商标。书名或人物名称基本上都是可以作为商标注册和使用的标志，通常只要没有在先商标障碍就能顺利通过审查，获得初步审定。如果在初步审定公告的 3 个月内没有人提出异议，就自动获得注册。比如第 1816221 号"令狐冲及图"商标于 2002 年获准注册，第 16787025 号"鹿鼎记"商标于 2016 年获准注册。这两件商标的注册人均和作家金庸无关。

另一个重要原因是书名和虚拟角色名称不是法定的在先权利，所以在相当长的一段时间里，谁先注册这件商标就归谁。注册后，只要是真的使用了，也基本没有法律依据把这些商标宣告无效。因此，作为自带流量的值钱名字，就吸引了众多眼球。一度抢注知名角色名称、书名、电视剧名的行为蔚然成风，只要商标注册证到手，无论是自己使用还是许可使用或者转让，都是一本万利。别人辛辛苦苦搞创作，讲故事，塑人物，商标注册人坐享其成。不公平明明白白地摆在那里，审查机关也能看到，自然不能放任其发展。后来就使用了一个新的名称"商品化权"来保护创作者，打击商标抢注者，而且这种打击的力度越来越大。

因此，之前能够注册的第 16787025 号"鹿鼎记"商标，就被国家知识产权局宣告无效了。国家知识产权局是这样论述的：根据《商标法》第 32 条之规定，申请商标注册不得损害他人现有的在先权利。该条款所指的在先权利不仅包括现行法律已经明确规定的在先法定权利，也包括根据《民法典》和其他法律的规定应予保护的合法权益。申请人所主张的就其小说作品名称享有的权利，虽非我国现行法律所明确规定的民事权利或法定民事权益类型，但当小说作品的名称因具有一定知名度而能够与特定商品或服务的商业主体或商业行为相结合时，小说作品相关公众有可能将其对小说作品的认知与情感投射于小说作品名称之上，从而对其结合的商品或服务产生好感以及信任感，使权利人有可能据此获得小说作品发行以外的商业价值与交易机会。在这种情况下，该小说作品名称可作为在先合法权益予以保护。国家知识产权局认为，申请人提交的证据可以证明，《鹿鼎记》为金庸先生于1972年创作完成的长篇武侠小说，在争议商标申请日前已具有相当高的知名度，已为相关公众所了解，其知名度的取得是金庸先生及申请人创造性劳动的结果，由此知名的作品名称所带来的商业价值和商业机会也是金庸先生及申请人投入大量劳动和资本所获得。因此，《鹿鼎记》作为在先知名小说作品名称应当作为在先合法权益得到保护。鉴于在先知名小说作品名称《鹿鼎记》具有一定的独创性和显著性，而争议商标所采用的文字组合与该小说作品名称完全相同。在此情形下，争议商标在其核定商品上的注册与使用，容易导致相关公众误认为其经过权利人的许可或与权利人存在特定联系。被申请人申请注册争议商标的行为不当利用了他人享有合法在先权利的知名小说作品名称的知名度及影响力，挤占了作品权利人基于该作品名称而享有的市场优势地位和交易机会，故争议商标的注册侵犯了申请人所主张的知名作品名称所享有的在先权益，已构成《商标法》第 32 条"不得损害他人现有的在先权利"所指的情形。

用大白话说就是，只有作者本人或者作者授权许可的人才可以用知名的书名来商业使用赚钱，别人都不能用来赚钱。不相关的人把书名用作商标，就是抢夺了作者及其授权许可的使用人来赚钱的机会，属于侵权行为。不过和其他侵权行为一样，权利人要在法定期限内提出维权请求，过期就不能再得到法律的支持。商标法规定的是，商标注册 5 年内，在先权利人或者利害关系人可以向国家知识产权局提出对该商标注册无效宣告请求。

在第 16787025 号"鹿鼎记"商标中，提出无效宣告请求的是明河社出版有限公司。该公司得到著作权人查良镛（笔名：金庸）先生的授权，可以对任何第三方在中国境内侵犯"金庸作品集"著作权及其他与作品相关之合法权益的行为，以该公司的名义开展任何合法的维权行动。

明河社出版有限公司也真的开展了一系列维权行动，包括对 2002 年注册的第 1816221 号"令狐冲及图"商标提出了无效宣告请求，提出的时间是 2018 年。由于提出无效请求时，这件"令狐冲"商标注册时间已超过了 5 年，所以其提出的侵犯在先商标化权益的理由没有得到审理机关的支持。不过这件"令狐冲及图"还是被宣告无效了，而且宣告无效的裁定在法院一审和二审中都得到了维持。

这件商标是适用2001年《商标法》第41条第1款所指的"以不正当手段取得注册"的规定予以宣告无效。国家知识产权局、北京知识产权法院、北京市高级人民法院共三级审理机关均认为,诉争商标申请注册人李××公司注册了670余件商标,分别在第3类、第5类、第6类、第7类、第8类、第9类、第35类等多个商品或服务类别上,已明显超出正常合理的使用范围。除诉争商标外,李××公司先后在多个类别上申请注册了"雅鲁藏布""唐古拉""昆仑""珠穆朗玛""绿野仙踪"等知名地点或景点名称、文学作品名称的商标,该公司申请注册上述商标的行为扰乱了正常的商标注册、使用和管理秩序,损害了公共利益,不正当占用公共资源。

这件商标案很有代表性。因为在2002年这件商标刚申请时,商品化权这个概念还没有被社会广泛接受。囤积商标虽然已经存在,也明显是一种不诚信行为,但并没有被执法机关大力规制。2001年《商标法》第41条第1款所指的"以不正当手段取得注册"的情形在当时并没有包括囤积商标行为。但是在近20年后,商标局及法院都认为这件商标应该宣告无效,这充分说明打击商标囤积或抢注已经成为当下重要的任务。至此,创作者们终于可以放心了,无论是他们创作的书名、剧名或者其中的人物名,只要有足够的知名度,基本不可能被不相关的人来使用或注册为商标获利了。写到这里,我意识到,我现在应该立刻去做的,应该是写一个有人物有情节的好故事。

34. 巧妙搭车名牌和突破性法律规制

> 在注意力就是商业利益的时代，利用别人的关键词吸引客户的行为是会被法院予以规制的。

商标作为商业标识，所有的使用行为目的就是获得商业利益。正当权利人维权是为了保证商标的独占权以得到围绕该商标产生的所有权益，特别是名牌可以得到更高的溢价。由于知名商标的标识本身就意味着利益，因此，名牌商标权利人的维权行动也就积极给力。而傍名牌的人为了规避法律风险想出了各种打"擦边球"的办法，将知名商标进行文字拆分、重新组词、打乱顺序并加入原商品标题文字内，以达到最大限度"安全"引流的商业目的。只是，相比于完整使用知名商标文字的侵权行为，这种所谓的"巧妙应用"虽然可以暂时规避平台监管，但躲不开权利人的双眼，更得不到法官的支持，就算不侵犯商标权，也会构成不正当竞争，停止侵权和赔偿损失还是必须承担的后果。

在"花西子"商标案中，法院查明，被告某商行在1688网站上销售美妆产品时，在产品标题中使用"花""西子"文字，与其产品描述文字一起使用，如"花翡翠玉容西子彩妆套装尤莉尤拉化妆品全套学生初学者一盒八件套""花琳妆玉珠西子口红套盒不易掉色防水滋润唇膏不沾杯绿金雕花口红"等标题链接数十条。用户通过1688搜索引擎检索"花西子"，搜索结果展示的网站名称和产品标题包含被告的产品。点击被告产品链接，网站内容是与原告有同业竞争关系的美妆产品，未出现原告商标。

虽然这种使用方式，根本就没有出现"花西子"组合使用的情况，不构成侵犯在先"花西子"的注册商标专用权，但被认定为不正当竞争。法院认为，将"花""西子"文字添加至其产品标题，用户在搜索引擎搜索栏中输入"花西子"时，被告的产品链接就会出现在搜索结果中，被告主观上具有利用"花西子"商标、商誉吸引相关网络用户的注意力进而增加其产品点击率的意图，客观上分散了用户对注册商标"花西子"所涉产品及相关服务的注意力，减轻用户访问涉案商标权利人产品及服务的兴趣，损害了原告的商业利益，同时节省了其本应付出的广告宣传成本，是一种不劳而获的"搭便车"行为，违反了诚实信用原则，构成不正当竞争。最后判决被告商行支付原告经济损失3万元。

在这起案件中，被告可以说是相当"懂法"之人，也懂得平台的搜索规则，既想借点儿名牌的光，又不想被扣上侵权的帽子，用心思巧妙使用他人商标标识。但在注意力就是商业利益的时代，利用别人的关键词吸引客户的行为还是被法院予以规制。这起案件也反映出在保护知名品牌的路上，法院勇往直前的态度还是很坚定的。

另一起案件是"哈根达斯"案。哈根达斯系美国通用磨坊食品公司旗下的著名冰淇淋品牌。这起案件中，被告仅仅是发放了购买哈根达斯产品的礼券。产品是真的哈根达斯产品，不过礼券可以同时兑换其他产品。该案经过法院两审，均判决构成不正当竞争，被告停止其侵权行为的同时，支付原告经济损失8万元。

二审法院认为，"哈根达斯"在冰淇淋行业领域为相关消费者广为知晓，通用磨坊公司因此具有一定的竞争优势和竞争利益。消费者在看到冠有"哈根达斯"名称的礼券以及为"哈根达斯"月饼冰淇淋提货券的宣传内容后，无疑会认为此礼券系"哈根达斯"相关系列产品礼券或者与"哈根达斯"经营者之间有特定联系。该案中，被告公司网站上宣传8款涉诉礼券，每个礼券册兑换产品有6种选项，择一兑换，其中1种为"哈根达斯"月饼，其他5种产品均为"首农""中粮"品牌。8款被诉礼券名称均使用了"哈根达斯""哈根达斯月饼冰淇淋"同款规格名称；相应产品介绍页面均使用了与通用磨坊公司宣传册页同款月饼冰淇淋的页面内容；六选一的6种选项中第1选项的图案亦与通用磨坊公司同款月饼冰淇淋宣传册页相同。此外，兑换过程中被诉侵权公司表示75

折出售，兑换"哈根达斯"券会存在风险，可以选择其他产品兑换，公司不推荐"哈根达斯"产品，推荐公司自营产品；如果用户兑换"哈根达斯"券的话，其是亏本的。可见，该两公司的行为并非单纯仿冒"哈根达斯"礼券宣传册页，其一系列行为具有整体性，攀附"哈根达斯"品牌知名度的主观恶意明显，足以使相关公众误认为被诉礼券与"哈根达斯"经营者之间存在授权代理或者其他合作关系，损害了通用磨坊公司的竞争优势和竞争利益，若持续，则会淡化、弱化"哈根达斯"品牌商誉，具有明显的不正当性，属于《反不正当竞争法》第6条第4项规定的其他混淆行为之情形，构成不正当竞争。

在这起案件中，被告作为经销商，选用的都是真正的品牌正品，只不过用了更能吸引消费者眼球的品牌来同时销售其他品牌，或许自己都没有意识到这样的行为会构成不正当竞争。在网络经济时代，只有先吸引了眼球才有可能产生交易，名牌是自带流量，特别是还有优惠销售的名牌更是流量的聚集地。只是名牌是人家的，人家付出了智慧、资金和时间才打造出的名牌，当然不同意你用来吸引流量。

不过，名牌愿不愿意让别人蹭流量是一回事，法律是否支持其主张是又一回事。这两起案件显然对于蹭名牌流量的行为给予了较为严格的打击。事实上，名牌也好，名人也好，本身就是流量的产物，完全不允许他人蹭流量也是不可能和不现实的。我个人倒是认为，引导商家遵守商业道德，主动规避他人知名品牌是应该的，但是只要和知名品牌发生一点关系就认定不正当竞争予以法律规制，似乎也有保护过度之嫌。不过，商业社会总是变化，推陈出新的商业形式总是在不断涌现，如何恰当合理地确定维权的边界、保证正当的竞争秩序始终都是一个没有标准答案的难题，需要在实践中摸索、探讨、总结。

35. 生生不息的吉祥物努力走进商标世界

> 吉祥物和商标发生关系，是随着商业社会的发展、吉祥物更多地被使用在商业活动中的结果。

中央广播电视总台《2023年春节联欢晚会》以"欣欣向荣的新时代中国，日新月异的更美好生活"为主题，正式发布官方标识和吉祥物形象"兔圆圆"。据说这是春晚40年历史上首个通过互联网大数据分析完成原创的总台春晚吉祥物IP。吉祥物也不是什么新奇的东西，世界上每天都在诞生新的各种吉祥物，春晚做一个也挺正常。不过，作为商标人，我在朋友圈看到的内容大多是关于这个吉祥物"兔圆圆"已被注册为商标的消息。什么人就关心什么事，我的朋友圈多是商标人，当然也关心商标的事。

不过这几个"兔圆圆"商标和春晚没有关系，和吉祥物也没有关系。这三件"兔圆圆"商标早在2020年3月就已经获得注册了，分别被指定使用在第30类饮料、第32类啤酒、第35类广告等商品和服务上。由于这三件商标的申请时间是在2023春晚吉祥物命名的三年前，显然不存在抢注之说，因此指出这件事的商标人基本都在提醒春晚记得给"兔圆圆"注册商标。

春晚的"兔圆圆"吉祥物需不需要注册为商标呢？或者说吉祥物需不需要注册为商标？又或者说吉祥物本身是不是商标？这个还真不能一概而论，需要具体问题具体分析，要考虑是谁的吉祥物、什么样的吉祥物、这个吉祥物又是怎么使用的。

吉祥物是人类原始文化的产物，历史悠久。人类在和大自然的斗争过程中自然形成趋吉避邪的本能观念，用吉祥物表达对安康幸福、欢乐喜庆的向往。人们很早就在家居、工作、生产中使用吉祥物品。有的吉祥物是固有的事物，有的吉祥物是人们想象中的事物。我们的祖先就创造了龙、凤、麒麟等吉禽瑞兽，赋予其特别的含义，满足人们祈福的心理需求，比如貔貅被视为具有镇宅、避邪、旺财之功能。可以说从人类社会诞生以来，吉祥物就被广泛应用在各种生活场景中，但并不是所有的吉祥物都被应用在商业场景中，比如你家门口摆的那个金蟾蜍。这也说明不是所有的吉祥物都需要注册为商标，因为商标是商业标志，只有商业使用场景中才需要商标，而且也不是所有的吉祥物都能注册为商标，比如某些人脖子上戴的金佛，就因其宗教属性而不得作为商标使用和注册。

吉祥物和商标发生关系，是随着商业社会的发展、吉祥物更多地被使用在商业活动中的结果。吉祥物作为一个角色，成为品牌、团队、公司甚至某个公众人物形象性的代表。特别是体育活动中，吉祥物运用得相当，广泛且成功，成为各种赛事活动的重要组成部分。著名的案例是奥运会的吉祥物。每一届奥运会，东道主国家都会根据当地的文化来设计吉祥物。北京冬奥会吉祥物冰墩墩和雪容融，受到了大家的疯狂喜爱，甚至出现了"一墩难求"的场面，两个吉祥物一时间成为极受欢迎的商品。2022年卡塔尔世界杯开幕式上，吉祥物"La'eeb"（音译为拉伊卜等）惊艳亮相，迅速登上热搜，成为世界各地足球迷的最爱。

对于这些具有巨大影响力赛事的吉祥物，我国有专门的《特殊标志管理条例》进行保护。当然，不仅是奥运会、亚运会这样的重大赛事的吉祥物，其他经国务院批准举办的全国性和国际性的文化、体育、科学研究及其他社会公益活动所使用的，由文字、图形组成的名称及缩写、会徽、吉祥物等标志，都可以获得特殊标志保护。所以，北京冬奥会的吉祥物和其他标志都登记了特殊标志保护，包括"冰墩墩"文字及吉祥物平面图和立体图等多种形式。

就算是只作为特殊标志登记，也可以得到商标法的保护。一来商标注册时会查询在先的特殊标志，如果相同或者近似是不可以共存的；二来对于恶意抢注重大活动吉祥物作为商标的行为，商标法也是严厉制止的。在北京冬奥会期间，国家知识产权局依据《奥林匹克标志保护条例》、《商标法》第10条第1款第8项等规定，对第41128524号"冰墩墩"、第62453532号"谷爱凌"等429件商标注册申请予以驳回；依据《商标法》第44条第1款之规定，对已注册的第41126916号"雪墩墩"、第38770198号"谷爱凌"等43件商标依职权主动宣告无效，并对违反诚实信用原则、恶意抢注商标图谋不当利益的申请人及其委托的商标代理机构依法依规进行了严肃处理。卡塔尔世界杯期间，国家知识产权局也驳回了个别人对吉祥物拉伊卜的商标注册申请。

　　重大活动基本是一次性的，吉祥物也随着活动的落幕渐渐淡出人们的视野，成为历史的一部分。这样的吉祥物商业属性也是阶段性的，一般来说作为商标保护的意义不大。商标保护的是品牌，而品牌是长久之计，需要长时间的在市场中占有份额。只有那些被长期应用在商业活动中的吉祥物，才有注册为商标的必要性。比如日本熊本县的吉祥物熊本熊，在2011年被授予熊本县营业部长兼幸福部长，成为日本第一位吉祥物公务员。由于这一吉祥物在日本本国及本国以外获得了超乎想象的欢迎，成为在世界上拥有极高人气的吉祥物，在振兴熊本县经济、宣传熊本县名气等方面长期作出贡献，因此，熊本熊的商标保护不仅在日本受到了重视，在世界各国都注册了商标。前不久，中国有人注册了"態本態"商标，熊本县都提出了无效宣告申请，我国国家知识产权局亦支持了其主张，对"態本態"商标的注册宣告无效。

　　至于企业的吉祥物，本质上是品牌的一部分，当然更要作为商标保护，注册也是必需的。吉祥物有着人格化的特征，更容易与受众构建情感联系，传达品牌寓意，对于品牌气质和调性的建立是不可多得的载体，也是品牌化设计战略中重要的组成部分。电商平台大部分都创造了自己的吉祥物，如天猫的猫、京东的狗、网易的考拉、苏宁的狮子、国美的老虎、当当的猴子，这些吉祥物本身就成为商家品牌的一部分，起到了快速识别的作用，本身已经是作为商标在使用。这些企业一般也会在确定吉祥物的同时，就把这些吉祥物申请注册商标。

也正是随着吉祥物在商业活动中应用得越来越广泛，吉祥物和商标的关系也越来越紧密。这也是春晚的"兔圆圆"吉祥物亮相后，人们会去查询商标注册情况的原因。理论上讲，当吉祥物作为品牌使用时，也存在侵犯他人在先注册商标权的可能性，不过因了春晚的特殊性，兔圆圆作为春晚的吉祥物使用，倒也不存在侵犯在先的三件兔圆圆商标专用权之虑。至于春晚需不需要把兔圆圆注册为商标，这取决于他们是否要作为长期的商业标志使用。我个人觉得不注册商标也罢，注册了最大的可能性也是商标库里多几十个不使用的商标，意义不大。

36. 电影名称不是商标但在努力注册为商标

> 电影名称是否能够注册为商标，与其他商标的审核标准是一致的，并不会因为是电影名称或者知名电影名称就得到特别待遇。

2023年春节假期，电影市场火爆，《满江红》《流浪地球2》《熊出没·伴我"熊芯"》《深海》《无名》等国产电影赢得了票房和口碑，也让大众的春节过得更加欢乐。电影作为典型的创造性产品，凝结了编剧、导演、演员、摄影、音乐等创作者的集体智慧，一般来讲总有值得欣赏之处。看一场好电影就是一次全方位的艺术欣赏之旅。电影也属于我国《著作权法》明确列举的作品类型之一，电影的各方参与者根据法律规定和合同约定享有各自的著作权。但是电影名称作为作品名称，是否构成著作权法意义上的作品，并因而享有著作权，尚需个案个议。而电影制作方若想将电影名称独占享有，通常会采取注册商标的方式获得商标专用权。所以，仅仅从权利的角度来说，电影名称和商标权的关系更为密切，虽然电影名称本身并不是商标。

电影名称和商标有着相同点，取名时都要力求易于记忆和传播，并努力和特定的商品或电影建立唯一对应关系。好的电影名称凝聚了取名者的智慧，无论是直接表现电影的主旨内容，如《流浪地球》《功夫熊猫》《天下无贼》等，还是使用电影中的主要角色、地名、歌名、事件名，如《你好，李焕英》《花木兰》《长津湖》《满江红》《唐山大地震》等，都随着电影的广泛传播和广受好评，成为观众耳熟能详的标识。这些电影名称即使单独使用，也可以享受到电影的知名度和美誉度，能够吸引眼球，也就具备了商业价值。有利益就有纷争，电影名称和商标就产生了权利之争。

大多数电影制作方在确定好片名之后，会将电影名称注册为商标。早些年多是注册在和电影相关的商品和服务上，如电影发行、通过视频点播服务提供不可下载的电影、电影放映、电影剧本编写等项目。近些年则基本上是全类商品和服务都注册一遍，也就是注册40件以上商标。这种商标注册的变化有多个原因。一个原因是总有一些人在制片方没有注册的商品和服务上"抢注"电影名称为商标。虽然未经制片方同意把电影名称注册了商标，绝大多数制片方还是会对该商标提出无效宣告请求，且一般也会得到确权机关的支持。但由于提出无效宣告请求的官费为750元，而自己注册商标的官费是300元，如果聘请商标代理人办理相关事宜的话，无效宣告的代理费要几千元甚至上万元，而注册商标的代理费一般是几百元到一千元，从经济的角度讲，制片方也愿意选择成本较低的主动注册商标。

制片方积极全类注册商标的另一个原因是随着眼球经济的兴起，知名电影名称变现的范围和方式越来越大，制片方不想让别人分一杯羹。尽管在实践中，电影名称真正作为商标使用的情形相当少，能成为某一商品或服务上的知名品牌的更少，但机会还是把握在自己的手里肯定更好。且随着商标许可使用被越来越多地接受，关键词在互联网上的重要性，一些经典电影名称确实可能通过注册商标许可使用的形式再次获得收益。

电影名称是否能够注册为商标，与其他商标的审核标准是一致的，并不会因为是电影名称或者知名电影名称就得到特别待遇。只有这个名称本身符合商标法的相关规定，才可能获得注册。比如"鬼吹灯"作为图书和电影名称相当知名，但申请注册商标时因为存在封建迷信的不良影响而被驳回注册申请。而"你好，李焕英"在申请商标时，则因为"李焕英"与烈士的名字相同而不予注册。也就是说，并不是每部电影的名称都能注册为商标。

不过，对于制片方来说，积极注册商标的一个最主要目的是防止他人注册商标后提出侵权诉讼，从而影响电影的发行和上映。这方面的真实案例虽少，但足以让制片方胆战心惊，防患于未然。其中一个案例是"轩辕剑传奇"案。大舜公司使用"轩辕剑传奇"作为电影名称，制作完成了电影，并安排好了院线上映的档期。但是在上映前，大宇公司向法院提起诉讼，认为该电影名称侵犯了其在先的"轩辕剑"注册商标专用权。该案进行了两审，最终二审判决认为大舜公司使用"轩辕剑传奇"作为电影名称的行为，不构成商标侵权。但由于产生了侵权纠纷，各大影院取消该电影的上线安排，电影没能及时和观众见面，制片公司因此蒙受了巨大损失。打官司需要较长的时间，通常是一年甚至数年，而在官司没有完全解决前，院线都不愿意冒险上映电影。制片方为避免这种因存在官司而不能上映的"灭顶之灾"，通常也会选择自行提前注册商标。

之所以"轩辕剑"商标所有人会提起诉讼，是因为实践中对电影名称本身是否为商标使用存在认知上的分歧。因此，这一案件的另一个意义就是法院对这个问题有了一个明确的认定。该案中，北京知识产权法院二审认为，电影名称系对电影主题、内容的高度概括，其亦同时具备作品标题和商品名称的属性。一般情况下，根据相关公众的习惯，更倾向于将电影名称作为作品的标题进行识别，而不易将其识别为区分商品来源的标识。大舜公司将"轩辕剑传奇"作为涉案电影的名称使用，并未起到区分商品来源的作用，不构成商标意义上的使用。"轩辕剑"作为固有事物并被大量影视作品名称使用，即便大宇公司将其作为商标注册在第41类商品上，其本身显著性也极低，不能改变其作为影视作品内容或主题的特性，不能限制他人合理正当使用。大舜公司对《轩辕剑传奇》电影名称拥有权益，并最早在电影名称上使用。相反，大宇公司从未在电影名称上使用过"轩辕剑传奇"或"轩辕剑"，"轩辕剑"商标在电影上不具有任何知名度和影响，没有与大宇公司产生任何对应关系。相关公众不可能将两者混淆。《轩辕剑传奇》电影与《轩辕剑》游戏虽然同为"轩辕剑"主题，但人物、内容完全不一样，电影与游戏消费群体不同，消费场所不同，同时使用各自公司不同的商标，消费者不可能混淆误认，因此不构成商标侵权。

注册商标成本低，也是制片方愿意全类注册商标的一个不太关键的原因，虽然这对于抢注电影名称为商标的行为来说是一个重要的原因。一部成功的电影，利润相当丰厚，常常以亿来计。但电影市场的竞争相当激烈，成功的电影是少数，赔钱的电影是大多数。制片方当然要努力考虑周全，力求万无一失。相对于动辄上亿元的电影投资来说，注册商标的费用几乎可以忽略不计。

对电影名称的商标抢注行为，法律肯定是不支持的。行政机关一直是态度鲜明地打击这种商标抢注行为。但电影制片方全类注册商标的行为，其实对于商标注册秩序来说也并不是一件值得鼓励的事。因为这只会在商标库中增加大量的不会被使用的商标，浪费了商标资源和行政资源。目前发布的商标法修改征求意见稿中增加了商标使用的义务。如果这一规定通过的话，倒是有可能会减少盲目注册商标的行为。或许，还是可以期待在不久的将来，让电影名称归电影名称，商标归商标。

37. 独立的地理标志权总在寻求商标法的保护

> 如何合理确定地名正当使用与不当使用的边界，如何实现既不挤占公共资源又有效保护地理标志商标声誉的目的，很难达成统一的标准。

地理标志作为一种权利，完全是从国外引进的一个法律概念，经过二十多年的宣传和使用，已经被国人广泛接受。2020年生效的《民法典》规定地理标志是与商标、著作权、专利等并列的一种知识产权。《商标法》第16条则给出定义，地理标志是指标示某商品来源于某地区，该商品的特定质量、信誉或者其他特征，主要由该地区的自然因素或者人文因素所决定的标志。也有人简称地理标志为"地标"，但这样的称呼容易产生另一层含义就是某地的标志性建筑，比如北京的鸟巢、大剧院等都是地标性建筑。为了能够不生歧义，一般商业场景下，更多的说法是地理标志产品。

地理标志既然是一项法定权利，当然要受法律保护。中国的地理标志法律保护始于 2001 年，当年修订的《商标法》中正式规定了地理标志可以注册为集体商标或者注册商标，而且普通商标注册时也不得含有地理标志。国外对地理标志保护的历史长一些，1883 年缔结的《保护工业产权巴黎条约》将"货源标记"纳入工业产权保护对象，算是地理标志国际保护制度的确立。不过直到 1995 年 1 月 1 日生效的《与贸易有关的知识产权协定》（TRIPS 协定）才第一次使用了"地理标志"这个概念并进行了定义，这也标志着在国际层面对地理标志这项知识产权达成了共识。

概念虽然被普遍接受，但保护的方式各不相同。有的国家是通过专门立法的方式由专门的机构全方位负责地理标志的申请注册和使用管理，比如法国农业部就设立了国家原产地名称局（INAO），全面负责所有农产品和食品原产地名称的认定和治理工作。有的国家适用反不正当竞争法并加商标法保护，如美国、德国。我国作为后来者，把所有的保护方式都借鉴了过来，既规定了专门的地理标志保护办法，也可以适用商标法和反不正当竞争法进行保护。本来地理标志和商标是同等的两种权利，现在两者结合就产生了一种特殊的权利种类，叫作"地理标志商标"。

"地理标志商标"并不是一个法律概念，只是对注册为商标的地理标志的一种统称。"地理标志商标"既享有地理标志的权利，又享有商标的权利。只是特殊待遇也不会随随便便就能得到的，获权需要提交比普通商标更多的材料，审查程序也更加谨慎一些。由于"商品的特定质量、信誉或者其他特征"既没有办法量化，也没办法完全抛开人的主观感受，多少存在一点"见仁见智"的因素，所以数量的多少倒也不能绝对说明什么问题。

说明问题的是市场对地理标志产品的反应。有的相当驰名且价格不菲，如阳澄湖大闸蟹、库尔勒香梨、西湖龙井、盐池滩羊、五常大米等，给当地带来了很高的经济收益。即便是那些不那么出名的，只要强调其地理标志的唯一独特性，一般也会比同类产品卖得更贵更好一些。因此，地理标志产品能带来较高收益也成为共识。有利益的地方人就会多，最近我分别见到一个法律人和一个媒体人，两人居然都表示想改行卖地理标志产品。

高调给予重点关注的是各地政府，它们纷纷出台奖励政策，规定注册成功一件地理标志商标就给予金钱资助，多的达50万元/件。这极大地调动了各地积极注册地理标志商标的积极性。毕竟注册商标也需要成本，虽然官费只有1500元，但只有经政府授权的行业协会才有资格申请地理标志商标，而这些人又大多不熟悉商标法，多委托商标代理机构办理，也需要付出服务费用。不仅是费用的问题，政府重视的态度也让大家看到了地理标志产品美好的前景。地理标志商标也就格外有了价值。

有价值就有争抢，也就有了纠纷。地理标志与商标的冲突表现在两个方面。一是确权程序中，地理标志注册为商标时，因为与在先注册的普通商标构成相同或近似商标而难以获得注册；二是侵权程序中，有些人未经地理标志商标权利人允许而擅自使用了与地理标志商标相同或近似的标识。无论是确权程序还是侵权程序中，由于地理标志涉及地名等因素，解决冲突的标准在实践中有着较大的认识分歧。因为地名是公共资源，"地名+商品名称"的地理标志商标又是特定区域生产经营者的共同权利，地理标志的知名度又各不相同，因此，如何合理确定地名正当使用与不当使用的边界，如何实现既不挤占公共资源又有效保护地理标志商标声誉的目的，很难达成统一的标准。

比如，在"安吉白茶案"中，"安吉白茶"是地理标志，但涉案产品也确实是产自安吉的白茶，只是在标示"白茶"的同时，用较小的字体标注了"源自安吉"或"安吉特产"，对这种行为是否构成侵权目前观点并不一致。我认为不侵权，总得让生产厂家有权利表明自己的产地，但在实践中也确实可能导致混淆，因此有的法院在判决中也认定侵权成立。

不管认识是否统一，冲突总得解决，法院的判决也要执行。多年的司法实践总结了一些判断是否正当使用地名而非侵权地理标志的依据：一是看使用意图是出于描述、说明商品的目的，还是攀附地理标志商誉的目的；二是看使用方式是否符合商业惯例或一般的行业做法；三是使用后果是否导致或容易导致相关公众混淆误认。不过，这依然是一般性的规则，在每个具体的案件中，还需要根据情况具体分析。毕竟无论是意图、惯例还是混淆误认，都需要人通过自己的理论、经验、认知来综合推定或确认，存在分歧也难免。直到现在，还不时可以看到关于地理标志理论的研讨会，就一些基本的问题进行争论。

没有争论的是地理标志产品越来越受到市场的欢迎。逐渐富裕起来的民众对生活质量提出了更高要求，吃特产，求品质，而且不怕贵。我自己也时不时在网络上买一点地理标志产品，大约买三次中有一次是满意的，另外两次我认为就是买到了假货。所以，从保证消费者权益的角度讲，也需要加强地理标志的管理和维护。

这种要求也得到了国家层面的重视。2020年4月，国家知识产权局印发《地理标志专用标志使用管理办法（试行）》。2022年1月，国家知识产权局印发《地理标志保护和运用"十四五"规划》，提出到2025年我国地理标志制度的三项具体目标：一是新建成一批特色显著、成效明显的地理标志产品保护示范区；二是以地理标志品牌为核心，企业商标和区域品牌相结合，健全地理标志相关产业链；三是地理标志保护国际交流合作的广度和深度，进一步拓展地理标志国家间的互认互保范围。需要指出的是，此规划中没有提到地理标志注册商标的问题。

机构合并之后，商标和地理标志的管理均归于国家知识产权局负责，因此这个规划多少可以看出点倾向性，也有学者提出地理标志专门立法。不过，不管以后地理标志是不是还采取商标法的保护形式，作为两种同时出现在商品上的商业标志，二者也不可能完全没有联系，必然会相互促进，进而发挥促进经济发展的作用。

38. 高校名称与商标之争的趣味性

> 有的高校会把校徽、标志、专用图形、网站域名、代表性建筑、地名等与高校特定历史文化背景相关的非正式名称，统统注册为商标。

高校校名是经国家主管部门确认或审批的名称，用来区别于这个高校和那个高校及其他不同的社会主体。《中华人民共和国高等教育法》第30条规定，我国高校的性质为事业单位法人，高校校名就是法人的名称。仅就名称来说，高校名称并没有什么特殊的地方，与隔壁幼儿园的名称及卖面包的店名是同样的法律地位。但是由于高校名称承载着建校以来的荣誉，特别是一些知名的院校，校名就是众所周知的品牌，具有较高的社会价值和经济价值，高校名称就显得比其他名称更加值得关注。

高校的主要任务是教学与科研,但也绝不想放弃名称在商业上可能带来的市场价值,起码不想让别人靠傍而不当得利。因此,绝大多数知名高校在主张名称权保护的同时,还寻求更强的商标权保护,把校名、简称、缩写、习惯上的叫法以及约定俗成的曾用名等全部注册为商标。有的高校会把校徽、标志、专用图形、网站域名、代表性建筑、地名等与高校特定历史文化背景相关的非正式名称,统统注册为商标。

高校名称作为法人名称,本身可以得到名称权保护。《民法典》第1013条规定,法人、非法人组织享有名称权,有权依法决定、使用、变更、转让或者许可他人使用自己的名称。可名称权作为人格权,与财产权不一样,即使官司赢了,得到的结果也往往是停止使用、消除影响、赔礼道歉为主,获取经济补偿的能力较弱。在反不正当竞争保护中,高校也可能被认定不属于反不正当竞争法中的经营者,诉讼主体不适格。因为高校校名的侵权人往往与高校处于不同行业之中,对于两者之间是否有竞争关系常存争议。名称权的保护力度远远不能满足高校的需求。

商标作为商业标识,本身就代表着利益,商标法也对注册商标的保护给出了具体的规则,有着加倍赔偿损失的规定,比起名称权保护操作更成熟,而且商标获权经济实惠,注册一件商标花费甚少,就可以全面禁止他人商业使用这个标志,性价比相当划算。因此,近年来,把校名注册为商标几乎成为高校的标配动作。比如北京大学就累计申请注册了1000余件商标,包括"北京大学""PEKING UNIVERSITY"与"北大""PKU"等校名的中英文全称与简称,以及"北大红楼""燕园""博雅塔""未名湖"等名称。那些不太知名的大学也一样,比如我第一次知道的北京东方大学,也在第41类的教育信息、教育考核、组织竞赛等服务上注册校名"北京东方大学"商标。

高校注册商标可以说一半是主动一半是被迫。注册商标享有专用权和禁止权,高校出于使用的目的必须主动注册商标。高校虽然是不以营利为目的的事业单位,在实际上也多多少少开展一系列的商业活动,如校办企业等,所以也确实需要注册商标。高校自带品牌效应,校名商标从注册的那一刻起,不管是否在指定的具体商品或服务上使用,都能立刻实现商品来源、保证品质和广告功能,具备了一定知名度和美誉度,成为高校无形资产的一部分。因此,高校对校名商标的合理使用可以为高校带来丰厚的利益。实践中,各个高校也从来没有放弃实现校名利益最大化的努力。特别是随着科技力量在现代化进程中的重要作用,高校名称在市场中往往是金字招牌。高校自身的光环能带给人先进、可靠的感觉,容易得到消费者的信任,从而赢得更大的市场。很多企业也乐意在借助高校科研能力的同时,更愿意把高校名称放进自己的项目或商品上,高校也就和更多的企业展开合作。这种合作中往往会用到商标,或者是在宣传中突出高校的商标,或者是直接将校名商标许可给企业。高校从商业收益中获取自己应得的一部分。

商标抢注现象较为普遍的现实,则是高校被迫注册远远超出实际使用需求的更多商标的原因。高校自己不注册商标，则有可能被不相关他人注册商标，并在市场上引起混淆误认，给高校和消费者带来损失。就算是注册商标了，还时不时可能被他人冒用。毕竟名气大了，总有人想沾点光，揩点油。2021年1月28日，中国科学技术大学公开发表了一份《关于"中国科大"校名简称和注册商标被冒用的郑重声明》，称其发现在开曼群岛注册的一家名为"中国科大教育集团有限公司"（英文名称为 China Keda Education Group Limited）的企业，未经许可擅自使用"中国科大"校名简称和注册商标作为其企业字号，郑重声明"中国科大"字样既是其校名简称，也是注册商标，其依法享有"中国科大"的名称权和商标专用权，并称广州科技职业技术大学和"中国科大教育集团有限公司"与其均不存在任何事实和法律上的联系。声明将依法采取措施进行维权，追究相关单位的法律责任。由于中国科大知名度高，这则声明也被广泛传播，成为高校需要及时注册商标的经典案例。

　　高校名称是经教育部批准，具有唯一性，但简称则是高校自己决定的或者是社会公众约定俗成的，因此高校简称之争一直是个充满乐趣的话题。南昌大学在其发布的《南昌大学章程》，将其学校简称确定为"南大"后，引起了南京大学师生的关注。南京大学认为"南大"是他们的特定称呼，而且在2001年就将"南大"注册为他们的商标。不过，喜欢用"南大"的不仅有南昌大学，写该文时我查询得知，在2023年3月，还有一家看起来和南大没有什么关系的温州企业申请了"南大"商标，虽然以我的判断，大概率是不可能注册下来的。

网上还有个著名的段子是这样的：

A：你是哪个学校的？

B：xia 大。

A：厦门大学？

B：不，宁夏大学。

A：那不应该是宁大么？

C：不，我们才是宁大。

B：你是哪儿？

C：宁波大学……

查询得知，2005年厦门大学已经注册了"厦大"商标。2006年，宁波大学注册了"宁大"商标。看起来，宁夏大学不管是叫宁大还是厦大，肯定是与这两件商标无缘了。

完全可以理解这些简称之争，毕竟民众习惯在交流中使用简称。简称和校名全称一样凝结着高校的声誉。高校总是有点文明风范，彼此之间解决争执一般也是客客气气的，商标更是谁抢到归谁，很少真正动用法律武器明争明抢。但对于社会上其他人抢注的商标，高校则毫不留情。清华大学就先后对他人注册的"水岸清华""清华风运""清华一点学"等数十件商标提出无效宣告申请，也基本得到了行政机关和司法机关的支持。这也说明，从执法的角度讲，保护高校特别是知名高校的声誉是态度鲜明的。

39. 商标退化成通用名称的悲剧

> 就一个特定符号而言，在一项特定的商品上，或者是商标，或者是通用名称，不可能同时兼顾。

千页豆腐到底是一种豆腐的名称还是一件商标，这个问题进行了相当长时间的争论，也打了一场漫长的官司，最后北京市高级人民法院的终审判决认为，"千页""千页豆腐"已成为"豆腐；豆腐制品"商品上约定俗成的通用名称。这也意味着，这件"千页豆腐"的商标被撤销注册了。法律规定，如果一件注册商标退化成通用名称，这件商标的注册就可以被撤销掉。因为就一个特定符号而言，在一项特定的商品上，或者是商标，或者是通用名称，不可能同时兼顾。比如苹果就是苹果的通用名称，不可能成为苹果商品甚至水果商品上的商标。

有的标志在注册商标的时候，还不是指定使用商品的通用名称，但是因为使用不当，慢慢退化成其使用商品的通用名称。这方面的例子很多，比如咖啡"摩卡 MOCCA"、风味料理或者烹饪方法"避风塘"、纺织品"鲁锦"、消毒液"84"、计算机移动存储器"优盘"、弹簧床垫"席梦思"、药品"阿司匹林"、茶叶"金骏眉"，等等。这些词都不是原有的固定表达，最初是厂家用来作为商标使用的，有的还获得了商标注册。但是由于使用不当，慢慢退化为通用名称。只要退化为通用名称，注册商标就会被撤销注册，没有注册为商标的也不再可能获得注册。

商标使用人当然不希望自己的商标成为通用名称，更不希望自己的注册商标被撤销，基本上始终不愿意承认自己的商标变成了通用名称。注册商标享有专用权，属于私有财产，不经注册人同意，他人不能使用这件商标。通用名称则是公用领域的符号，所有人都可以任意使用。没有人愿意把自己独创的标志毫无收益地贡献出来给大众使用。但是一个标志在某个商品上是不是通用名称，是一个已经发生的事实，并不是谁能改变的，连最先使用这个词的人也无能为力。

商标退化成为其核定使用的商品的通用名称，有时是因为商标注册人自己使用不当造成的，有时则仅仅是大众的以讹传讹造成的后果。如果是出于商标所有人的广告宣传不当，自身将注册商标作为商品名称使用，对商标管理不善、保护不力，最后商标变成了通用名称，这时撤销这件商标的话，似乎商标注册人属于自食其果。但大多数情况下，商标权利人自身还把这个标志积极地当商标使用,但社会上其他主体把这件注册商标作为商品名称使用,慢慢地让社会公众误以为这是商品名称。在这种情况下,商标权利人就觉得自己的商标被撤销特别冤枉。

有的时候,商标权利人不仅自己坚持把标志作商标使用,还积极采取措施阻止他人把自己的商标当作通用名称使用,比如通过行政执法、民事诉讼等方式来制止他人的行为。司法实践中,明知是他人的商标还作为商品通用名称使用也是被认定为侵犯他人注册商标权的行为。但即使这样,如果大量的社会主体都把一个标志使用为商品名称时,商标权利人也回天无力。比如,"席梦思""阿司匹林""金骏眉"的商标权利人,从未放弃这些商标,但是这些词还是被公众广泛认知为商品名称。这些商标的结局最后也只能尊重客观现实,撤销注册商标或不予注册为商标,以维持客观形成的市场现状和市场秩序。当然,这里说的仅仅是在成为通用名称的商品上不能是商标,如"席梦思"不能注册为床垫商品上的商标、"阿司匹林"不能注册为药品上的商标、"金骏眉"不能注册为茶叶上的商标,在不相关的商品上,这些词汇还是可以注册为商标的。

商标法规定注册商标成为核定商品的通用名称后应当予以撤销,并不是对商标权利人未能有效维护注册商标的惩罚。而是因为通用化的结果一旦形成,相关公众普遍认为该注册商标指代了一类商品,这时注册商标已无法再发挥商标应当具备的区分商品来源的功能,消费者其实也不可能继续认牌购物。如果这时商标还是注册商标，商标注册人也坚持还作为商标使用，而其他商家却作为商品名称使用，就造成了混乱，反而会增加消费者的选择成本。

而且，如果是注册商标的话，理论上讲商标注册人就有权利继续进行商标维权，也就是请求司法机关认定那些把注册商标使用为商品名称的行为构成侵权。事实上，大部分商标注册人也是这么做的，因为他们不想放弃商标权，必须表明自己的维权态度，表明这个商标的通用名称化不是自己的过错。也确实有个别商标权利人通过维权及时制止了商标向通用名称的退化，比如香槟、吉普，一度也有商标退化为通用名称的倾向，但由于权利人积极维权，宣传，最后公众认识到这是人家的商标，其他商家也不再作为通用名称使用，保持了注册商标的显著性。

但如果已经彻底退化为通用名称的话，这种维权则只会增加社会成本。这一点在"千页豆腐案"中，二审法院的论述中给出三个理由：一是增加消费者的搜索和辨识成本，要施以更多注意力才能区别是商标还是商品。二是增加其他经营者的表达成本、沟通成本和维权成本。其他经营者如果放弃使用通用名称来描述商品，可能会增大表达的难度，也会增加其与消费者之间的沟通成本。而其他经营者如果继续使用通用名称来描述商品，在商标权有效的情况下，可能会有被指控侵权的风险，虽然其他经营者可以正当使用抗辩为由豁免侵权责任，但会付出成本。三是公权力机关处理纠纷的成本。不管是通过行政渠道维权还是司法渠道维权，都会产生不小的社会成本。而上述成本的投入所换来的,更多只是注册商标在形式上的有效。因此,对于注册商标退化"成为其核定使用的商品的通用名称"可被撤销注册进而失权的制度设计来说,在注册商标权利人已取得的形式上合法有效的商标专用权和社会公众能够方便、准确地指代特定商品从而确保社会信息交流顺畅的公共利益之间权衡,优先保障社会公共利益的实现是较为妥当的选择。

这段论述其实还传递了另一个重要的商标法思想,那就是合理平衡利益。商标是商业标志,连接着商户、消费者,是实现商业流通的重要工具和途径,牵动着多个市场参与方的利益。在尊重私权的同时,也要考虑业已形成的市场共识,维护良好的竞争秩序,保护消费者的合理利益。因此,商标权的保护是动态的,需要和市场实际紧密结合,在处理个体的商标纠纷时,只有合理平衡各方利益,才能实现法律的目的,保护商标专用权,促使生产者、经营者保证商品和服务质量,维护商标信誉,以保障消费者和生产者、经营者的利益,促进社会主义市场经济的发展。

40. 地方特色菜名是品牌但不一定是商标

> 美食和法律似乎离得很远，但从商标的角度看，有时也离得很近。尤其是地方特色美食，总是有人想要将它们注册为商标。

贵州村超大火，引起了全国人民的关注。榕江县县长说比赛在 2023 年 7 月 29 日结束后，将举办全国邀请赛，球队都要以食材来命名，如榕江卷粉队、淄博烧烤队等。这个消息发出后，某条视频的后台有 9000 多条留言，网友们起了各种各样的队名，如长沙臭豆腐队、沔阳三蒸队、天津麻花队、北京卤煮队、山西削面队、巴盟酸烩菜队、南昌瓦罐汤队、柳州螺蛳粉队、山西陈醋队、青岛啤酒队、哈尔滨香肠队、无锡排骨队、德州扒鸡队、章丘大葱队、南阳浆面条队、富阳油面筋队、泸州烘糕队、胶州大白菜队，等等。这些各地的传统美食,有的我吃过,有的听说过,有的是第一次知道。要是我的老家呼和浩特参赛的话,我建议就是呼市烧麦队。

毫无疑问,各地都有自己的传统美食。有的广为人知,如北京烤鸭;有的仅当地人喜欢,如呼市烧麦;也有的一夜之间从当地人喜欢变成广为人知,如淄博烧烤。这些美食也有一定的区别:有的是直接的原始产品,如章丘大葱;有的是加工过的产品,如哈尔滨香肠;有的就是菜名,如巴盟酸烩菜。网友们一股脑儿地都放了进来,可见对于普通公众来说,特产美食就是一类东西,代表当地特色,是当地的一个引以为傲的品牌。

民间的认知就是这样,不需要区分得那么细致。可一旦上升到法律层面,问题就要探讨到本质。美食和法律似乎离得很远,但从商标的角度看,有时也离得很近。尤其是地方特色美食,总是有人想要将它们注册为商标。有时是自然人,有时是企业,有时是协会。比如,2023年4月登记成立的淄博市烧烤协会,据报道就正在寻求将淄博烧烤注册为商标。那么,这些美食特别是菜名能不能注册为商标?能不能使用为商标?这无法一概而论,需要具体问题具体分析。

可以肯定的是,美食名字在与美食无关的商品和服务上是可以使用和注册为商标的,比如苹果牌电脑。只要商家愿意,当然也可以叫作烘糕牌电脑。但在与食品相关的商品上,则可能带来误认或者仅仅标示了食品的名称、原料、工艺等内容,不能作为商标使用或注册。在美食名称前再加上地名成为地方特色美食则又产生了另一个问题,就是县级行政区划以上的地名是不能作为商标使用的,所以一般情形下,像无锡排骨作为普通商标是注册不了,也无法使用的。

商标分为两类,一类是用来识别商品具体来源的普通商标,另一类是用来识别特定集体成员的集体商标和用来识别特定品质的证明商标。一般来讲,如果这种美食属于地理标志产品,则可以作为集体商标或证明商标注册,如胶州大白菜就注册为证明商标了。但一种美食是不是地理标志则常常存在认知分歧。

当地特色的菜品当然也是美食,但并不一定都是地理标志。地理标志要求是在特定的自然环境或人文环境下生产的有特定品质的产品。这种品质的要求是特别且稳定,而且只能在特定的区域内生产。而一般的菜品其实品质并不稳定,基本上是各家有各家的风味,在原料上也不要求非得是某地产的某物,也不会限制制作的地域。比如北京烤鸭,在南京也一样有商家在制作出售。事实上,绝大多数菜品虽然会以地方名称命名,但其实已经泛化成一道普通的菜品,对其制作和品质并没有什么特别的要求。可以说,这些菜名基本上已经属于公有领域,不宜被独占了。不能被独占的名称,本质上讲,注册商标其实也没有什么意义和价值。

理论上讲,不是地理标志也可以注册为集体商标。毕竟集体商标对于标识本身的要求比较宽泛。集体商标就是表明使用这件商标的人都属于某个集体的成员,其提供的商品或服务都有某一特定品质。这种品质并没有特别的要求,只要是这个集体成员都具备就可以,比如,淄博市烧烤协会就可以规定他们的成员做出的烧烤，肉片必须是 10 片，卷饼直径必须是 30 厘米。当然，这是我随意举个例子，我不知道协会有什么样的规定。这种统一的规定有时在市场上具备一定的影响力，管理使用得当的话，协会成员可能会更好吸引消费者，赚到更多的钱。只是以我的了解，目前能把集体商标管得好用得好的协会并不多见。

其实，地方美食作为地方的名片或品牌，大多并没有必要注册为商标。品牌是个市场概念，而且概念得五花八门，从来没有统一过。一旦有了一定的知名度和美誉度，什么都可以成为品牌，一栋房子、一句格言、一种花卉、一幅好画、一位名人、一道菜品，等等，真是皆可品牌。城市的品牌更多，只要能代表这个城市的某种形象，体现出这个城市特色的东西都是城市品牌，烤鸭是北京的品牌，天安门、长城也是北京的品牌，老舍作为北京作家也是北京的品牌。

注册商标的目的就是独占，而不是所有的品牌都可以独占或需要独占。像菜名这样的品牌，使用的人越多，对城市的推广和宣传越有利。比如我对宜宾这个城市完全没有概念，但是吃过宜宾燃面之后，就对这个城市莫名有了好感。这碗燃面是我在北京吃的，但一点也不影响我想到宜宾吃一碗当地正宗燃面的想法。而前文提到的富阳油面筋，我则完全不知道是什么，我对富阳也没有任何了解，但也许某一天我会为了吃一碗富阳油面筋而真去这个城市一次。从这个角度讲，对这些地方特产菜名的保护与推广，不是去注册什么商标而独占，而是要鼓励更多的人在更多的地方使用，以达到让更多公众知晓并了解这个地方。这也是品牌真正的意义。

商标是商业标识，注册商标目的是保护品牌的发展，从而从市场上获得更多利益。个体商家的品牌得来的利益归一家所有，因此必须把品牌注册为商标独占。而地方品牌的利益是整个地区的民众受益，有时真的并不需要独占，也独占不了。因此，如何用好地方特色菜名这个城市名片，注册为商标肯定不是首要且重要的选择。

41. 阿拉伯数字是商标注册的抢手货

> 数字和商标也将一直互相成就，而能够被看到的最大成就则是那些已经注册的数字商标能够涌现出更多的耳熟能详的品牌。

阿拉伯数字一直是厂家喜欢的品牌，如999感冒灵、360杀毒、555香烟、7-11超市、1688采购批发网、101网校、4711香水，等等。用阿拉伯数字做品牌的第一个优势是亲切好记。每个人都熟悉数字，有些人对某些数字还有特别的感情，如生日、纪念日、节日等。单纯的数字品牌让消费者产生零距离的亲近感。不管是58，还是555，都感觉就是生活中本来的一部分，虽是一个新品牌，却没有陌生感，可以说是成功让品牌在自然而然的状态下进入消费者的生活。

数字做品牌的另一个好处是数字有着多重的意思，而且还可以不断地被赋予新含义，有利于塑造品牌的美好形象。数字在每个民族中都有着一些被广泛传承的含义，比如中国人习俗中，6 表示顺利，8 表示发财，9 表示长久，寓意相当美好。数字在网络时代还生出了新的多重含义。比如直播中主播经常会说同意这个观点的打个 1，不同意的打个 2，所以"1"也就越来越多地代表"是""可以""赞同""准备好了"。相对地，"2"可以理解为"否""不可以""不赞同""没有准备好"。现在好多数字的网络含义已经被广泛接受，如 1314 表示一生一世，520 表示我爱你，555 表示呜呜呜地哭，88 表示再见等。这些数字用在相应的商品上，就自然会产生美好的联想，如 520 用在化妆品上送礼爱意满满，999 用在感冒药上让人觉得人生长久，疾病必去，360 用在杀毒软件上给人一种无死角防卫的感觉，7-11 用在超市上直接让消费者知道这家超市从早 7 点到晚 11 点营业，1688 用在采购批发网上感觉生意会一路发财。

另外一些数字品牌则主要是因为一些个性化原因可以讲出故事来。比如 4711 香水，作为科隆香水系列的品牌，4711 的命名就满是故事性。据说是 1796 年德国人将科隆所有房屋重新编号，香水厂前门门牌为 47 号，后门门牌为 11 号，厂主——一位银行家——把两个门牌号合在一起申请了"4711 牌"注册商标，4711 香水屋这一名称于是从此诞生。而这个故事也一直讲了 200 多年。

用数字做品牌是一个好的选择，但太好了也就成了抢手货，注册商标就不太容易。因为商标法规定在同一种或类似商品上只能存在一件相同或近似的商标，这就决定了在后申请的数字商标可能被在先申请的商标挡住而不能获准注册。因此，从商标法律保护的角度来说，在已经有4500万多（截至2024年7月）注册商标的情形下，用数字做品牌可能就会遇到不能注册为商标的麻烦。而不能获批注册商标，使用起来就相当谨慎，一来品牌得不到法律保护，二来也可能涉嫌侵犯他人商标权。存在风险的情况下，也没有人敢投入大量的金钱和精力来发展品牌。

事实上，适合做品牌的数字几乎都被注册为商标了。品牌为了呼叫方便和传播便利，一般不会超过5个音节，也就是说，绝大多数的数字品牌集中在5个自然数组合之内，这意味着数量有限。在我国商标法已经实行40来年之后，还没有被注册为商标的5位数之内的数字组合真的是少之又少了。我随手查了30个数字，从1位数到5位数，几乎都被注册为商标了，连中国人骂人的250，都有80多个商标申请，最早的一件在2001年，最晚的一件在2021年。

可能是生活圈子实在太小，活了五十年了，我没有听到过1牌、2牌、4牌、9牌这样的单个数字的品牌，但从0到9的10个单个数字，每个数字的商标申请量都数以万计，虽然相当一部分被驳回了注册申请，但获得注册的数量还有几千件。从法律规定的角度讲，单一的数字缺乏标识感，因而不易被识别为商标，也基本不能获准商标注册。因此，已经注册的单个数字商标大多经过设计，表现形式各有特点，这也确保了在不同商品和服务上能够并存的同时，在同一种或类似商品上也有以单个数字为主要识别部分的商标同时注册。如以下的商标：

这些商标我都不熟悉，不知道是否真正使用为品牌。不过按照常理推断，如果一个商标标识经过了精心的设计，大多是真的使用为品牌的，仅仅为了囤积商标的话，设计的费用是不愿意支出的。而且在实践中，这些品牌应该也大多不会呼叫为1牌或2牌，总是对应着其他的不同呼叫，正常情况下，呼叫为三月，呼叫为三山，呼叫为叁邦，这样虽然都是个3字，在实践中被混淆的可能性也就很小。有时，在使用中还会添加颜色，彼此就更容易区分，比如在实践中使用的颜色为绿色，呼叫是第一环保。但是随着商标库里越来越多的数字商标，在后申请的数字商标能获准的可能性还是相当低。

数字不能注册的原因也不仅仅是因为有在先商标的存在，有些数字因为有着特别的含义，本身就不能作为商标使用，如10·1、8·1这些表示节日的数字。节日属于全体公众，一来不易被识别为商标，二来也不宜被私人占有用来获取商业利益。当然也不是每个节日的数字都不能作为商标，一些不涉及公众利益的自创节日还是可以注册的。现在几乎每天都在创造出各种各样的节日，有些节日本来就是商家创造出来作为商业活动使用的，比如11·11光棍节，是淘宝平台自创的一个购物节，产生影响后，线上和线下的平台商家广泛参与，也成为很有影响的节日。这个"双11"商标的注册更是引起了广泛的关注，京东平台和淘宝平台还为此打了一系列官司，最后结果是标落淘宝，但马云公开表示不会进行该商标的维权，免费给其他商家使用。

  不仅节日，还有一些数字也因其具有特殊意义而不能作为商标使用。比如特殊历史事件、国家重大工程代号、军事武装集团的代号或番号等数字构成的名称或标志，这些数字所代表的含义对社会有较大影响，比如说"918""77""54"等容易造成政治上不良影响，不得注册为商标。而一些作为公共服务的数字，如"110""119""120"等，也是不能作为商标使用的。还有一些专门领域的服务电话，如铁路客服中心的12306、知识产权保护举报中心的12312、消费者投诉热线的12315等，也不宜被商家拿来作为商标使用。因此，商家在选择数字商标时，还是要多方考虑，周密查询，确保符合商标的相关规定。

  商标是个商业标识，对于商标的认知随着社会活动和商业习惯发生着改变，有些数字过去可能更容易被识别为商标，现在则可能不太容易被识别为商标，更容易被识别为其他说明性含义。比如"666"，在游戏中发展出表示胜利的意思，现在更多地在网络上表示某人或某物很厉害很牛、令人折服，直播时观众更是打出一连串的"666"也表示对你的看法表示赞赏，称赞他人。在爱情中，"666"则更多地被用来表示夸赞和赞美。"666"还可以有爱情暗示的含义。它可以代表着你的爱情进展顺利、事事如意。总之,"666"已经成为网络时代的一个常见的情绪表达词。这也意味着,当下在商品或服务上对"666"的使用,并不一定会被识别为商标。

无论社会怎么发展,数字都是重要组成元素,商标也是。数字和商标也将一直互相成就,而能够被看到的最大成就则是那些已经注册的数字商标能够涌现出更多的耳熟能详的品牌。

42. 很多人有同样身份称谓而商标只能有一个

> 无论这世上有多少的爷爷、奶奶、外公、外婆、爸爸、妈妈、姐姐、妹妹等，在商标注册簿上同一类商品或服务上只能存在一件爷爷、奶奶、外公、外婆、爸爸、妈妈、姐姐、妹妹商标。

旅行时在某景区深山中看到一家四嫂饭店，几乎是下意识地想到，这家店的主人应该是这个家庭里的四嫂。查了一下，企业登记显示是一家个体工商户，登记人是一个女性化的名字。出于职业的本能，还查询了一下四嫂饭店的商标注册情况。查询得知，在第43类的餐饮服务上已注册一件"四嫂饭店及图"的商标，图形是一位中年妇女的肖像，注册人是四川双流的一位自然人，看名字也像女性。这件商标2011

年 12 月申请，2013 年 2 月获准注册，经过续展现在依然是有效注册商标。我相信这件商标的注册人应该也开着一家四嫂饭店，不知道规模如何，但肯定与我看到的这家四嫂饭店没有关系。很明显，我看到的这家四嫂也不可能在饭店服务上注册四嫂饭店商标了。

商标注册后，商标专用权是在全国独享的，理论上讲，其他人在餐饮服务上使用四嫂饭店可能就涉嫌商标侵权。但是，我看到这家四嫂饭店后，一点也没有觉得她有侵权的故意，或者给另一家四嫂饭店带来什么损失。就算没查询，我也相信全中国肯定有多家四嫂饭店，因为中国有太多的四嫂了。这一家，就是这个景区的一个四嫂开的，完全没有觉得会和另一家四嫂饭店混淆。又由于饭店的门牌可以是商标的使用，也可以是商号的使用，如果发生纠纷，就算严苛的法律人，也有着认定不侵权的余地。

四嫂作为一个身份的称谓，作为饭店的招牌天然有亲切感，能让客人产生宾至如归的家里人感觉。事实上，不仅四嫂，绝大多数称谓都被作为饭店及其他商品和服务的品牌广泛使用，商标注册申请量更是数万计。当然不是每件商标的申请都能被核准注册，事实上，大量的商标申请都是被驳回的，因为在同一种或类似商品或服务上只能有一件相同或近似的商标注册。也就是说，无论这世上有多少位爷爷、奶奶、外公、外婆、爸爸、妈妈、姐姐、妹妹等，在注册商标簿上同一类商品或服务上只能存在一件爷爷、奶奶、外公、外婆、爸爸、妈妈、姐姐、妹妹商标。

商标只有一件,并不表示使用这些称谓的品牌只有一家。我在百度随意输入了姐姐家餐饮,第一页就显示在长沙、沈阳、平顶山各有一家叫作姐姐家餐饮的公司,作为相同的商号分别在当地登记了。估计也都真的提供了姐姐家餐饮服务,虽然我不知道规模也不知道主营是什么。不管注册商标在谁的名下,但我相信只要大家都诚信经营,都没有做到全国知名,大概率不会引起纷争,可以各自安好。

叫姐姐的肯定远远不止这几家。查询了商标申请注册的情况,显示出姐姐、小姐姐、大姐姐、二姐、三姐、好姐姐、姐姐家、小姐姐家、小姐姐蛋糕、小姐姐家政、小姐姐优橱、小姐姐饰品等几千件姐姐的各种商标申请记录。妹妹也同样受到喜欢,最早的一件小妹妹牌商标注册在色织布商品上,1983年注册的,经过多次续展,至今依然有效。而2023年初步审定的妹妹商标是5月27日申请在第28类的健身球等商品上,8月也有申请的妹妹商标。

最受欢迎的商标是妈妈,从只有妈妈两个字到各种含妈妈文字的商标数不胜数。妈妈从来都是全能型选手,无所不能,无所不会,所以妈妈的修饰和后缀也包罗万象,妈妈通、妈妈阁、妈妈宝、妈妈萃、妈妈优选、妈妈同城、妈妈中心、妈妈地图、妈妈制造、妈妈助手、妈妈超市、妈妈味道,等等。按照正常的审查标准,在同一种或类似商品服务上,申请日在前的商标就核准注册,申请日在后的就驳回,而且不管妈妈后面加了什么样的词,只要妈妈是主要识别部分,也基本是算作近似商标的。比如这个最新的案例,申请商标是"妈妈制造 MOMHANDWORKS",在先商标是"妈妈点评 MAMADIANPING 及图"。国家知识产权局审理认为,两商标共同使用在非纺织品制壁挂同一种或类似商品上,易使相关公众对商品的来源产生混淆,已构成使用在同一种或类似商品上的近似商标,驳回了在后的"妈妈制造 MOMHANDWORKS"商标申请。

当然,也不是所有的妈妈都能注册为商标或者说使用为商标。在当下的环境中,姓氏加妈妈的组合商标就会被认定有不良社会影响而不得作为商标使用。我看到的最新一个案例是一件"向麻麻及女性肖像图"商标被驳回注册申请,驳回理由就是该商标有不良影响,不得作为商标使用。这不难理解。标识的使用本来就要符合当地的文化习俗,商标也是一种标识。

妈妈很好,爸爸也不能落下,连爷爷、奶奶、叔叔、舅舅、嫂嫂等各种称谓都被注册了商标,也使用在了各种商品和服务上。不过在众多称谓里,有两个称谓最善于联想,也就更被品牌界追捧。一是真真假假的表姐表妹,二是数不清的表叔。查询得知,有一家表叔茶餐厅似乎在全国很多地方都有分店,不过我没有吃过。我只去过外婆家餐馆,虽然不知是谁家外婆的味道,但味道确实不错。

相比长辈的称呼,晚辈的称呼似乎在品牌界就没有那么大市场。虽然我也查到了侄女、儿子、外孙等商标申请，数量就少了许多，基本是两位数了。百度中也没有查到侄女饭店或孙子饭店。明显就餐饮服务而言，长辈的称呼更能让客人产生回家的感觉，毕竟家里做饭的多是长辈，家的味道也多寄托于长辈做的饭菜中。

在晚辈的称谓中，最有意思的词是孙子。这个词的含义比较多，首先是人的身份称谓，每个男人都是自己爷爷的孙子。另一层意思则是骂人的话，在特定语境下，说一句"你这个孙子"，或者直接喊一声"孙子"，都含有让人浑身不爽的贬义。第三声含义则是名字，在作为人身称谓时，孙子的读音是前重后轻，重声落在了"孙"字上，如果把"子"读成第三声，那就成了我国的知名历史人物孙子，以其孙子兵法而闻名世界。在商标的符号认读下，还可能有另一层含义。商标的使用只有标识本身，没有前后的语境，仅仅平行书写的两个字，文字可以从左向右读，也可以从右向左读，这时也可以读成"子孙"，又有了新的一层含义。所以从商标的角度讲，孙子和子孙是近似商标，也是不能在同一种或类似商品或服务上共存的。含义这么丰富的孙子，商标的注册量当然也相当不少。

称谓之所以被品牌界看中，就是利用了这些称谓的普遍性。每个人都有爸爸妈妈，看到这些称谓天然亲近，没有距离感。品牌就更容易走进消费者的心里。不过也正因为有着数不清的外婆、四嫂，这些品牌也几乎没有谁能独享。很多人就是本能地使用了这些称谓做品牌，可在后使用的很难注册商标，稍有不慎，还可能引起商标侵权或不正当竞争的纠纷。此外，这些称谓太生活化，也很难避免他人的正当使用。不过，万事有利有弊，商标作为商业符号，只要权衡过后利大于弊，使用什么称谓都可以。我唯一担心的就是那些完全没有商标法概念的朴素的四嫂、二姐们，会不会因开个小店而陷入商标侵权的麻烦中。愿四嫂们好运吧。

43. 广告宣传语和商标其实没什么关系

> 有部分广告语注册成为商标。但实质上并不是广告语注册成为商标，而是一个标识同时被用作了广告语和商标。并不存在广告语能不能注册为商标这个问题，只存在一个标识是不是同时符合广告法和商标法规定的问题。

朋友邀请我在腾讯新闻上回答了一个关于"遥遥领先"商标的问题：华为已申请"遥遥领先"商标，这种带营销属性的名字可以注册成功吗？想到普通公众对商标知之甚少，我写了1000多字来普及商标法的基本概念，讲明已经有他人注册"遥遥领先"商标，而且商标和广告是两种商业标识，商标的审查适用商标法，广告的审查适用广告法，各自依法分别考量。

回答发出去，一晚上有四百多条回复，其中一半还在纠缠广告法，坚持认为广告法规定广告中不得使用"国家级""最高级""最佳"等用语，这"遥遥领先"也不能用作商标。还有人担心这个词用作商标他人就不能用来宣传自己的产品了。总之，就是质疑华为把"遥遥领先"注册为商标就会垄断这个词。

广告用语和商标都是商业活动中的常用商业标识。广告用语是用来宣传企业或产品服务的品质或特点的，商标是用来标识商品或服务的来源的。一条广告用语用久了，相关公众也会用来识别其商品来源，比如"只溶在口，不溶在手"（M&M巧克力），"一切皆有可能"（李宁）。但广告语并不会因此而成为商标，商标是作为品牌使用的，商家不会把广告语作为品牌使用。商标的标识可能也有固定含义，暗示了商品的品质或者引起消费者对商品品质的联想，比如飘柔等。但商标也不会因此而变成广告语。这就像饭碗也可以用来喝水，水杯也可以用来盛饭，但碗还是碗，杯还是杯。标识也好，事物也好，功能总是多方面的，人们在实践中总是以其承担的最主要功能来命名和认识一个事物。

实践中确实也有部分广告语注册成为商标。但实质上并不是广告语注册成为商标，而是一个标识同时被用作了广告语和商标。这个标识恰好能满足这两个标识的要求。因此，并不存在广告语能不能注册为商标这个问题，只存在一个标识是不是符合商标法规定的问题。比如"遥遥领先"，如果这个词符合商标法的规定，那么它是不是被用作广告、被谁用作广告,都不影响这个词作为商标注册。事实上,这个词也被多家不同的主体已经注册为商标。如果一个表达,本身就是广告语,则很难被作为商标识别,且不管它多么知名,都不可能注册为商标,比如"快手,发现真实有趣的世界"。

有一部分人总是用几个注册为商标的知名广告语来作为案例,说明广告语可以注册为商标的可能性。确实,李宁的"一切皆有可能";麦当劳的"我就喜欢";耐克的"just do it"都注册为商标了,但这并不说明广告语足够知名就可以注册为商标。这几个标识能够注册为商标,最重要的因素还是都简短,可以被作为商标标识。也不能说其知名度没有起到作用,因为在广告语知名的情况下能不能注册为商标,在实践中还是存在一定的争议。我个人是坚决不同意把广告语的知名度混同于商标的知名度,毕竟一个标识作为商标使用还是作为广告语使用,在形式上区别比较明显。商标就是品牌的法律表现,商标在使用中直接被识别为品牌从而识牌购物,而广告语则要指向品牌才能识牌购物。就算"一切皆有可能"多么有名,消费者还是要买李宁牌,而不是"一切皆有可能"牌的商品。

有人担心把某个宣传用词汇比如"遥遥领先"注册为商标后,是不是就会垄断这个词的使用。这种担心完全没有必要。商标确实是一项垄断性权利,商标注册后,商标注册人独享这件商标的专用权,并有权禁止他人使用相同或近似的商标。但商标专用权就是仅指商标使用而已,不管什么样的词注册为商标后都享有商标专用权,并不能禁止他人在其他领域的正当使用。事实上，现在有 4500 万注册商标，绝大多数含义美好的词汇都被注册为商标了，小米、长城、开心、荣耀、苹果都是商标，也毫不影响这些词在固有含义下的使用。

文字的特点就是这样，有其本来的固有含义，也可以因为不同的使用方式和使用环境而生出新的含义。文字用作商标时，毫无疑问的重点是作为商标标志的含义，起到的主要功能也是识别商品来源的功能。消费者识别这个标志的目的是识牌购物，标识本身的固有含义退居其次甚至被忽视，比如看到"小米"手机时根本不会去想小米是做粥的那个小米。因此，就算消费者看到"遥遥领先"可能下意识觉得这商品质量不错，但没有谁会仅仅根据标识本身含义美好就去购物，当年"王牌"电视那么火，也不是每个人都去买，现在这个品牌已淡出了公众视野。商标标识的固有含义无论多么美好，商品也不会仅仅依靠标识就能占领市场。走进消费者心中，靠的还是过硬的质量和优良的服务。

确实，广告法和商标法都有不得使用关于夸大宣传的文字的规定，但作为两部不同的法律，规范的是不同的商业标识使用行为，考量的要素也是不一样的。因此，商标审查不会依据广告法的规定，只会依据商标法规定。目前商标审查标准对表达了商品特点的词汇确实比较严格，多件类似商标比如"大方好品"等都被驳回申请。"遥遥领先"的商标申请会不会被驳回，我也不能肯定，但我个人认为就算这个词有着一定的表示商品品质优良等含义，也不会影响消费者的购买行为，就算这个品牌的名字叫"真的好"，也不会有人贸然相信其商品就真的好。"味多美"面包店受到广大消费者喜爱，是因为其面包真的美味，而不是因为其叫"味多美"。商标一经使用就成为品牌，一个品牌能不能被消费者接受，完全可以交给市场来投票。商标审查者不必主动承担太多责任，过分保护消费者，因为这样可能会伤害生产经营者。

说到底，虽然广告和商标都是日常商业中最常见的标识，渗透到公众生活的方方面面，被公众所熟悉，但从法律角度而言的专业问题并没有被普通公众所了解。公众朴素的认知和法律的专业规范之间总是存在冲突，让公众更多地建立法律思维还有相当长的路要走。

44. 商标注册行为的恶意指什么

> 恶意注册行为的判断还是在个案中具体分析判定,也就一直存在困惑和争议。

惩恶扬善从来都是人类社会的主旋律,也是所有法律要实现的终极目的。人们也在自觉不自觉中对自己和他人的各种行为打上善恶的标签,并努力追求一个充满善意的世界。但恶意的行为从来都没有停止过,且很多行为是恶是善的判断标准也随着时势的发展而发生着变化。有的行为在过去是善的,或者是被接受的或起码是被容忍的,后来却被认定为有损于他人利益和社会利益的怀有恶意的行为,被法律坚定甚至严厉地予以规制。具体到商标注册行为的善恶判断,经过多年的争论和探讨,目前善意行为只有一种,就是诚信地申请注册并使用自己的商标,恶意注册行为却有 10 种表现形式。

这 10 种恶意商标注册行为是近来法院通过公布典型案例的形式总结的,这里介绍比较有代表性的 4 种行为。这 4 种行为在过去或者不视为恶意行为,或者有较大的包容度,现在都被严厉制止。第一种就是短期内进行大量商标注册申请,且无法证明真实使用意图或提供其他正当理由的行为。2019 年前这种行为没有被法律所制止,大量的商标囤积注册行为大张旗鼓地进行。一个自然人注册成百上千的商标也被法律所允许。2018 年,有机构甚至公开进行商标注册投资行为的宣传,声称花 100 万元投资注册若干商标然后再高价转让注册商标来获取暴利。这种行为让商标界人士瞠目结舌,完全颠覆了商标的价值在于使用的固有观念。2019 年商标法修正,规定不以使用为目的的恶意商标注册申请,应当予以驳回,终于有法可依地制止大量囤积注册商标的行为。如在"王子"商标驳回复审中,行政机关和法院均认定,该商标申请人在第 3、18、32、33、35 类等多个商品或服务类别上累计申请 340 余件商标,其中仅在 2020—2021 年就累计申请 300 余件商标,其中包括"迈巴赫"等与他人商标相近的商标。这种短期内在多个商品或服务类别上申请注册大量商标,明显超出正常的生产经营需要,且无法证明具有真实使用意图或其他正当理由的,应认定为不以使用为目的的恶意注册。

第二种商标恶意注册行为是申请人以不正当占用公共资源为目的,大量申请注册公共事件词汇、公共文化资源名称等商标的行为。抢注各种公共资源名称为商标的行为一度盛行，有人抢注大山大江的名字，有人抢注村镇街道的名字，有人抢注名人名著的名字，有人甚至抢注了各大学里建筑物的名字。最初这些行为被法律所默许，但这种严重损害正常的社会竞争秩序的行为最终还是引起社会各界的广泛关注，行政机关和司法机关努力寻求在现行法律框架下规制这种行为，经过反复探讨适用了《商标法》第44条第1款中"以其他不正当手段取得注册"的规定。在"泉城百花园"商标无效宣告案件中，法院认为，"泉城百花园"系朱家峪公司运营的田园综合体项目名称，诉争商标"泉城百花园"与该项目名称相同，且除诉争商标外，其申请人李某还在多个商品和服务上申请注册了170余件商标，其中包括"方舱""逆行者""火神山""雷神山""章丘古城""泉乡药谷"等多件涉疫商标或与济南市章丘区开发的项目名称近似的商标。李某的上述行为已明显超出正常的商业使用目的，违反了诚实信用原则，扰乱了正常的商标注册管理秩序，有损于公平竞争的市场环境，该商标的注册属于恶意注册行为。

  第三种商标恶意注册行为是指商标申请人因特定关系明知他人商标还抢注的行为。这种行为一直以来都是被商标法所不容忍的，但之前法律明确的是代理人和代表人关系还抢注商标是恶意行为，对其他关系没有明确规定，以至于法律适用较为混乱。经过两次修法，目前商标申请人与在先使用人之间具有亲属关系、劳动关系、营业地址邻近等各种关系而明知在先使用商标而依然抢注的均被认定为恶意行为。在"发树"商标无效宣告案件中，该商标注册人某教育公司的原法定代表人何某曾与在先使用"发树"标识的某学院存在劳动人事关系，某教育公司在知晓该学院在先使用"发树"标识并具有一定影响的情况下，仍在类似服务上申请注册与之近似的诉争商标，该行为属于恶意注册商标行为。

第四种商标恶意申请行为是指在明知不是来源于地理标志的商品上注册包含地理标志的商标的行为。地理标志是指商品所具有的特定质量、信誉或者其他特征，主要由该地理标志所标示地区的自然因素或者人文因素所决定，因此地理标志商品必须来源于特定的区域。如果某商标含有地理标志，却不能证明商品来源于地理标志保护产品的保护范围，该商标的使用就容易误导公众，该商标的注册也就具有了恶意。在"老鹰茶"商标无效案件中，法院认为在案证据显示"老鹰茶"已经于诉争商标申请日前被批准为国家地理标志保护产品，地理标志保护产品保护范围为四川省石棉县美罗乡等6个乡镇现辖行政区域。"老鹰茶"作为茶叶的一种，其口感、质量与其生长的环境具有密切的关联。某茶业公司位于四川省成都市，老鹰茶（红茶）加工工艺技术指导地点在四川省邛崃市，在案证据不足以证明"老鹰茶"商标核定使用的茶商品来源于四川省石棉县6个乡镇，该商标的使用容易误导公众，使相关公众对该商品的产地产生误认。

一般来讲，所有明知故意侵犯他人在先权利注册商标的行为，基本没有争议地被视为恶意注册商标行为，比如靠傍他人的知名商标，抢注他人的作品、商号、姓名、虚拟角色名称或其他有一定影响的标识等为商标的行为。这种行为也一直被法律所禁止，只要被侵权人能够在规定期限内提交证据证明被侵权的事实，其合法权利也能得到保护，抢注的商标不予获准注册或注册会被宣告无效。但是注册社会上已经存在的没有特定权利人的名称或者注册纯粹臆造的各种文字组合的商标，本身是商标法所支持的。自《商标法》实施以来从未对此作出负面评价。只是近年来出现了大量的注册人大量注册商标并进行转卖的事实后，才引起了社会的广泛关注。

这种大量囤积注册商标的行为使商标注册库的注册商标在10年内暴涨，2013年底有效注册商标为700万件，2023年底达到4500万件。如此巨大的注册商标量，其中大部分都没有使用也永远不可能使用，却严重阻碍了真正想使用商标的后来人注册和使用商标，影响了正常的商标注册秩序，增加了企业开拓市场的成本。因此，社会各界终于认识到大量注册商标其实也是一种恶意注册行为，修改法律进行规制。只是这个大量的"量"到底要多大才构成恶意注册，很难设定一个具体的标准。实践中的案例，有的只注册了6件商标但都是傍靠名牌也被认定为恶意。但大公司注册上万件商标也被认定为是经营需要。恶意注册行为的判断还是在个案中具体分析判定，也就一直存在困惑和争议。虽然倡导和坚持诚实信用原则是商标注册和使用的基本出发点，但善恶标准的判定永远是个需要在变化中探讨的话题。

45. 电视栏目、节目名称是不是商标？

> 电视栏目、节目和电影、电视剧、游戏、图书等都是特定的商品，其生产的目的是通过销售来获得利益，甚至包括新闻联播这样相当公益的新闻栏目也因其有大量的广告而成为实质上的商品。

商标是商业标志，一个标志是不是商标则常常存在争议。电视栏目、节目名称算得上商业标识，但是不是商标呢？在不同的案件中，法院对电视栏目、节目名称的定性各有不同。

在北京知识产权法院2023年公布的典型案例中，将电视栏目、节目定义为一种特殊的商品，因此电视栏目、节目名称也是特定的商品名称。在"远方的家 深度旅游顾问 Journey Ahead"商标无效宣告案件中，法院认为，《远方的家》是一档由中央电视台中文国际频道播出的大型日播旅游栏目，在案证据能够证明《远方的家》栏目早于诉争商标申请日之前即开始播出且为相关公众所知晓，已经与中央电视台形成了较强的对应关系，中央电视台对"远方的家"享有商品名称在先权益。诉争商标包含"远方的家"栏目名称，与他人有一定影响的商品名称构成近似标识。从某文化产业公司对诉争商标实际使用的情况来看，某文化产业公司运营发行的《Journey Ahead 远方的家》杂志为一款旅游杂志，与《远方的家》栏目的节目内容具有密切关联。诉争商标的使用容易使相关公众误以为相关杂志是由中央电视台提供或与中央电视台具有关联关系，从而对商品来源产生混淆、误认，该商标的注册属于恶意注册行为。该案最终结果是"远方的家 深度旅游顾问 Journey Ahead"商标的注册宣告无效。

但是在早些年的案件中，法院基本把电视栏目、节目名称视为商标。比如十年前，曾经引起了业界广泛关注的《非诚勿扰》侵权案中，江苏电视台使用"非诚勿扰"节目名称的行为就被视为商标使用。2013 年，江苏电视台的《非诚勿扰》相亲节目相当火爆，但一位自然人称该节目名称的使用侵犯了其在先的"非诚勿扰"注册商标，提出了侵权诉讼。该案一波三折，经过一审、二审和再审，最终认定侵权不成立。其中在二审认定侵权成立后，江苏台一度将栏目改名为《缘来非诚勿扰》，直到再审改判侵权不成立，才又改回《非诚勿扰》的名字。不过，这三审中，倒是均认为江苏电视台"非诚勿扰"的使用属于商标性使用。基本理由是江苏电视台对被诉"非诚勿扰"标识的使用,并非仅仅为概括具体电视节目内容而进行的描述性使用,而是反复多次、大量地在其电视、官网、招商广告、现场宣传等商业活动中单独使用或突出使用,使用方式上具有持续性与连贯性,其中标识更在整体呈现方式上具有一定独特性,这使其具备了区分商品/服务的功能。由于商标的主要功能是识别商品的来源,因此"非诚勿扰"也被视为商标。法院认定不侵权的理由是江苏台的"非诚勿扰"商标与在先的"非诚勿扰"商标使用的商品和服务不构成类似商品服务,因此不构成侵权。

不构成侵权我是认同的,但我还真不认为江苏台的"非诚勿扰"使用行为是作为商标使用,我更同意在"远方的家"商标案中的认定,电视栏目、节目是特殊的商品,"远方的家"享有商品名称在先权益。电视栏目、节目和电影、电视剧、游戏、图书等都是特定的商品,其生产的目的是通过销售来获得利益,甚至包括《新闻联播》这样相当公益的新闻栏目也因其有大量的广告而成为实质上的商品。因此,我认为"非诚勿扰"也是特定商品名称。

不仅电视栏目,电影或电视剧也被视为特殊商品名称。在涉及电影《喜剧之王》的某不正当竞争案件中,法院认为电影《喜剧之王》及其名称在我国内地具有较高知名度,构成有一定影响的商品名称。被告未经许可使用"喜剧之王",构成擅自使用有一定影响的商品名称及虚假宣传的不正当竞争行为,应当承担停止侵害并赔偿经济损失的民事责任。在另一起案件中,法院亦认为,电视剧名称具有较强的独特性和显著性，相关公众能够基于该名称建立与涉案电视剧的关联关系，属于具有一定影响的商品名称。

不过认为电视节目名称为商标的观点依然具有很大市场。特别是一些具有创意的栏目名称，比如"十二道锋味"，指向性相当唯一，加之电视节目成功后也会销售一些相关产品，因此无论是公众还是法律界更愿意将其视为商标来保护。实践中，在"非诚勿扰"商标案之后，更多的电视栏目、节目制作方为了减少不必要的官司而大量注册了商标。电影、电视剧则走得更远，不仅把名称注册为商标，还会把其中的角色名称、特别场景、道具、热词都注册为商标。

其实，一个标识会被识别为什么，主要取决于使用的具体场景。比如"非诚勿扰"本是一个普通的成语，用在文章中就是一个词语，冯小刚导演将它用作了电影名称，就会被识别为电影名称，江苏电视台将它用作了电视节目的名称，就会被识别为电视节目，某自然人将其注册为商标并使用在婚恋服务上，就会被识别为商标或品牌。正常情况下，这样的使用既不会引起混淆，也不会侵犯他人的权利。只有当其中某个标识通过使用获得了较大影响力的时候，这个标识的使用才意味着可能带来市场利益，利益分配就导致容易发生冲突。任何人都不想让他人无缘无故地揩自己的油，而有一些人则又千方百计想从中揩油。

所以，根本的问题其实是利益分配和价值取向。从法律层面上，价值取向永远都是保护诚实信用的权利人。这也是在不同案件中存在不同认定的主要原因之一，因为只有不同的认定才可能在固有法律框架下逻辑自洽地保护诚信使用标识的一方。有的案件中，法院就认定电视栏目名称同时构成商标和特殊商品名称，分别适用商标法和不正当竞争法来保护。

真正的分歧是权利的边界问题，这直接关系到利益的分配。是不是不管什么标识，一旦成名，就要全方位独占这个标识的使用呢？当电视栏目知名后，其他人是不是可以作为品牌使用，作为商标注册？或者当商标知名后，他人可不可以用作电视栏目名称？从使用方的角度讲，任何一方成名后，都希望独占该标识。这一趋势也越来越得到公众的认可和执法机关的支持。

社会总是发展的，商业也是变化的，各种标识从不知名到知名也是动态的，利益获得和分配途径也发生着变化。公众的认知也在自觉不自觉中发生着变化，商标和电视栏目名称的关系在不同情境下也会产生不同的关系。从诚信使用和避免麻烦的角度讲，使用商标就要避让他人的知名电视栏目名称，使用电视栏目也要避让他人的知名商标。对于任何标识而言，臆造的唯一形式总是最好的选择。

46. 热爱春天的人们呀，喜欢用花名做商标

> 如果仅仅是简单的五个花瓣组成的图形，在同一类商品上，不管是梅花还是桃花，原则上只能有一件商标获权。如果花朵有着不同的表现形式，就算都是梅花也可以共存。世间万物就是这样，各自有各自存在的逻辑。

每到春天，我都要学一下梅花、桃花、杏花、李花、樱花的区别，但依然不能自信地对着某棵树说出是什么花。但不管是什么花，都不影响我对花儿的欣赏和热爱。人类对花儿的热爱很简单，就是一种根植在骨子里的本能，罕见是出奇一致的共有认知。把花名作为商标使用，也就是一种不需要思考的选择。在最早注册的商标中，差不多包括所有的喜闻乐见的花名。这里的"早"是指20世纪80年代或者更早，

那时全国的注册商标总数还只是 6 位数,属于还数得过来的时期。现在注册商标已经有 4500 余万件了,不仅可爱的花名被注册成了商标,连你能想起来的任何两个寓意美好的字词组合几乎都被注册成为商标。

这些三四十年前的注册商标大都无效了。一个原因是当年的注册企业基本不存在了,商标也就无人打理,十年有效期后不续展而自动失效,另一个原因是当年的商标标识大都朴实无华,不符合当代人的审美趣味,基本不再使用。就算注册人几经变革还活着,也变更了新的 LOGO,重新注册商标和使用为品牌,旧商标也就被放弃了,就算还在坚持续展,保持着老商标的有效性,也多是束之高阁,只用来提供历史感,对后来的商标宣誓一下在先权。

一个典型的花名商标就是玉兰。这件第 76446 号商标,注册于 20 世纪 60 年代,虽然表现形式相当中国风格,最早的注册人也是中国的公司,现在的所有人却是美国的宝洁公司。宝洁公司有个著名的品牌玉兰油,当然要把各种玉兰商标都纳入囊中。商标的注册号是按申请顺序自动排列的,也就是说,这件商标是中国的第 76446 件申请商标。以现在的眼光想想都不可思议,偌大的国家才 7 万多件商标,如今一个大公司就可能有几万件注册商标,阿里巴巴在中国就申请了两万多件商标。

虽然老的注册商标大都失效了,但花名的商标也是注册量越来越多,而且这些老商标所代表的品牌一直活跃在市场上。比如最受中国人喜爱的梅花,现在活跃在市场中的就有梅花味精、梅花伞、梅花服装、梅花锁等。这些梅花品牌分别属于不同的公司,商标也注册相当早,比如注册在童装商品上的第 34978 号商标,注册时间在公开的商标网上查不到,应该是 20 世纪 60 年代,当时还没有商标法,只有《商标注册暂行条例》。1983 年商标法实施后,对过去的商标重新进行了造册登记。这件商标依然是有效商标,只是这么历史感强的商标 LOGO,现在已经不会使用了,但不影响梅花品牌的存在,现在的商标所有人后续注册了更现代感的新商标。品牌 LOGO 会随着时代不停地更替,但不会影响公众对品牌的认知,不管用什么样的 LOGO,品牌还是梅花。注册商标的标识则不能变化,注册时是什么样,就是什么样,变化了的品牌新 LOGO 想要获得保护只能再注册一个新商标。新商标和旧商标的商誉可能承续,但权利则完全不同,各自独立享有。不过在梅花品牌的大家庭里,还有一个著名的梅花手表不是中国的品牌,而是瑞士的品牌,外文是 TITONI。据介绍这个品牌也是专门为东方人打造的,由一个新加坡人发扬光大。

梅花和文人墨客关联甚多,桃花则开遍百姓居住的街边小巷。我对北京花海的最深刻印象就是白虎涧风景区漫山遍野的山桃花。桃花商标自然也颇受公众欢迎。桃花电扇、桃花油漆刷、桃花辣椒酱等,听起来都有一种从远古走来的味道。不过商标的悠久并不代表品牌跟不上潮流,通过设计包装宣传，老物件常常成为新潮流的追捧目标。桃花商标也不都归于中国企业，在洗发液等商品上的第 50703896 号桃花商标就注册在宝洁公司名下。

樱花虽然在中国种植越来越普遍，也是春天代表性的花卉，但樱花总是让人想起日本来，所以人们总是下意识地认为樱花牌的产品似乎多是来自日本。其实中国人也一样喜欢用樱花作为品牌，很早就把樱花注册为商标。这件使用在香皂商品上的第 110310 号的樱花商标注册时间是 1979 年，可惜已经无效了。不过写这篇文章时我在百度上搜索樱花牌，发现真有不少人在问樱花品牌是中国的还是日本的。其实像梅花一样，樱花品牌也很多，使用在不同的商品上，有的是中国的，有的是日本的，比较知名的抽油烟机上 SAKURA 樱花品牌，1978 年诞生于中国台湾，1994 年进入中国昆山，还真是一个中国品牌。

由于一句"牧童遥指杏花村"，杏花虽然在北方常见，知名度却比不过杏花村。网上查阅杏花品牌的时候，跳出来的也是杏花村酒。但杏花的商标一点也不少，一样是从商标法实施前就开始了注册，比起李花来受欢迎多了。李花只有 20 多件的商标申请，而且以后可能也不会增长了。因为 2018 年《中华人民共和国英雄烈士保护法》颁布后，烈士的名字不得作为商标使用，而李花就是一位烈士的名字。

还有两种深受中国人喜爱的花是荷花和兰花，当然早早就开始了商标注册和使用。在实践中，人们常常并不能分清莲花和荷花，它们常常被视为同一种花。但从商标的角度讲，荷花牌和莲花牌还是区别明显的。注册在油漆上的第255398号商标1986年注册，现在依然有效，市场上也依然有莲花油漆在售卖。不过另一个著名的品牌莲花汽车则不是中国的品牌，这个品牌是英国人创造的，现在归马来西亚宝腾proton集团所有，平时使用的Logo也是外文lotus。品牌就是这样，所有人经常转来转去，并不忠诚于家国，只为资本服务。好在不管哪国的品牌，只要能提供质好价优的商品或服务，对公众来说就足够了。

相对于纯粹的花名，含花名的商标简直多到数不胜数，很多也成为市场中的真正使用的品牌。比如桃花宝宝、桃花一族、桃花韵、桃花仙子、桃花悦、樱花未来、樱花怒放、樱花粉、樱花世家、樱花姐姐、樱花女神，等等。可以说，任何能够想到的文字，都可能和花名结合起来用作品牌，也会被注册为商标。同样的商标在同一类商品上只能有一件商标，比如服装商品上只能有一个梅花，但大家又这么喜欢梅花，就变通一下使用梅花络、梅花歌，等等。不过这些含有花名的商标是否能和花名并存获得注册，则要考虑具体情况决定，取决于使用在具体的商品或服务上是否容易导致公众对商品或服务来源产生混淆误认。如果不易产生误认，则可以并存。

花名区别明显，没有人会把桃花、梅花、杏花的名字混淆。可是真要把一朵花特别是一朵五个花瓣的图放在眼前，能够清楚而明确地区别出桃花、梅花、杏花的可能就不多了。

而近似商标的判断也不会精确到花梗是否长点,花尖是否有裂变这样的小细节,只要相关公众在隔离状态下施以一般注意力可能对商品或服务来源产生混淆误认,两件商标就构成近似商标,只能核准申请在先的商标。因此,如果仅仅是简单的五个花瓣组成的图形,在同一类商品上,不管是梅花还是桃花,原则上只能有一件商标获权。当然,图形总是有着变化万千的表现形式,如果花朵有着不同的表现形式,就算都是梅花也可以共存,毕竟商标是标识,不是花朵本身。世间万物就是这样,各自有各自存在的逻辑。

47. 不是非它不可，总有一件新商标能够注册

> 臆造组合文字不需要智商，不需要想，只要排列组合就可以。在数以亿计的组合中，总有一个前人尚未申请为商标。

网络社会，很多人都熟悉的一句话是：再小的个体也有自己的品牌。品牌承载着每个个体的综合信息，行业、品质、商誉、阶层等。品牌不是可以有，品牌是必须有。因此，打造品牌基本上是每一个商业主体进入市场的首要关注点，也是一直要关注的重点。有了品牌就要保护，于是就要注册商标。遗憾的是，品牌可以随时有，商标却不能随便注册。商标法对商标注册作出了若干硬性规定，只有合法的标识才可以注册为商标。现在很多人的感觉是现在注册新商标很难。

没有人会对合法性要求提出异议。之所以感觉到新商标注册很难，是因为截至2024年底，国家知识产权局官方统计，已经有4762万件注册商标，这个数字实在太过巨大，以至于普通人的智商很难想到一个和已注册商标不同的新标识来注册商标。理论上讲，可以作为商标的标识是不可胜数的，汉字、字母、数字、图形以及这些要素的组合都可以作为商标注册和使用，总会有一个标识和在先的不相同或不相近似，但由于人的认知有限，具体到某一件商品、某一项服务上，能想到的标识其实相当有限。更何况人还有着自己的情感审美偏好，往往就想要某个或者某类标识作为品牌使用，一旦这个偏好不那么足够个性化，就可能和在先的某个商标近似，商标注册之难就凸显出来。

解决的办法总是有的。我的建议是换个标识，直到可以注册为止。比如不久前一位朋友想要生产一款专门服务于中老年人的背包，作为生活基本用品，背包是典型的识牌购物产品，品牌是必需的。他也明白这个道理，早早做好了定位，叫作乐游包，意思就是快乐旅行的包。我也赞成，但乐游包是很难被注册为商标的，因为太像商品名称了。虽然现在没有一款包叫作乐游包，但叫着叫着就是商品名称了。品牌一定离商品本身的特点远一点，才更容易被识别为品牌。这一下就难住了他。他先是本能地选了自己的名字，不行，一来有在先的近似商标注册了，二来这个名字和某烈士名字同名，不能注册。他又想了家乡有名的一座山的名字，也不行，有在先注册的。后来，他就任意组合寓意美好的字，比如顺啊、悦啊、美啊、开心啊，等等，居然统统有在先注册的相同或近似商标。最后他把这个任务扔给了我，要我随便选一个，只要和在先不近似就可以。我就找了一些没有含义的文字组合，在试了十二次之后，终于发现"向迩"这个臆造词在背包类商品上没有在先商标。他叹口气，接受了，正式提出了注册申请。

为什么叹气呢？因为"向迩"这个文字组合太陌生了，没有固定含义，不容易让消费者看一眼就产生熟悉感而记住，也就是说，作为品牌在市场上的最初传播是有些困难或者说需要付出较大的成本。对于初创的小企业来说，这确实是个不能忽视的"缺点"。创业者更愿意选择那些看一眼就产生"我认识"感觉的标识作为品牌，比如近年出现的新消费品牌，如零食连锁品牌"零食很忙"、啤酒品牌"跳海"、护肤品品牌"谷雨"、泥炉烤肉的品牌"西塔老太太"、休闲餐饮调味品的品牌"松鲜鲜"，家居服饰的品牌"有棵树"等。这些品牌或者是有固定含义的既有词汇，或者是易引起联想商品特点的词汇，不需要解释说明，都能让消费者在无意识状态下产生亲近感，实现低成本的品牌推广营销。但也由于这些文字组合现成又平凡，使用者就比较多，不容易独占成为自家唯一。我查了一下在食品类别上注册的"谷雨"商标，不同的主体注册了几十件。因为食品也分了好多个小类，而不同小类上可以同时存在同样标识的商标，比如糕点（3006小组）商品上就和果汁（3202 小组）上就由不同的主体分别注册了商标"谷雨"，如果二者都实际使用的话，就意味着市场上仅食品行业就有两个谷雨品牌。而这种并存还是合法的，谁拿谁也没有办法。

所以，选择什么样的标识作为品牌其实是个利弊选择问题。臆造的品牌名称虽然在最初时可能要为教育消费者做出更多的努力，但因为其唯一，在慢慢建立市场声誉之后则能够轻易地保持自己的唯一性。这也是有野心有实力有信心的新品牌愿意选择臆造词的重要原因。另一个原因当然就是如"向迩"商标注册人一样，现有的词汇根本没有机会再获准注册，只能被迫选择臆造词汇。如充电行业的安克品牌、防晒服饰的蕉内品牌、吹风机商品的徕芬品牌、运动户外的萨洛蒙品牌等。这些品牌从创立那一刻起就保持了特立独行的特点，如今均成为其所在行业的代名词，绝对没有第二家同样的可与争锋。这些品牌因其独创，其影响力可以当仁不让地拓展到其他商品上，实现了独占标识的效果。据说当年比亚迪品牌的诞生也仅仅是因为这三个字没有在先商标，可以注册。现在只要说到亚迪一般会想到比亚迪，独占效果那是杠杠的。只是获得声誉并不是一件容易的事，所以独创而臆造的知名品牌才永远是少数。

当然，商标不能注册也还有其他的解决办法。因为在后申请商标与在先的商标权冲突可以消除，消除的路径有好几条。一是在先商标权自然灭失，如申请人主动注销了商标，商标十年到期后申请人没有续展商标。这时在后商标就自然可以注册了。不过这种情况需要点运气。二是在后商标申请人主动出击将在先商标权灭失，如通过提出无效宣告请求将在先商标的注册予以无效宣告，或者提出撤销申请将在先商标的注册撤销。这需要有专业知识作为支持。大多数商标代理人都会建议选择这一条，一来确实合法合理也可行，二来可以把单独的商标申请变成加上撤销申请和无效申请的一揽子业务，代理费用肯定就大大增加了。三是将在先商标纳入自己名下，就是买过来。这个方法乍看似乎简单粗暴到只是钱的事，但其实也不容易实现。因为不是每个品牌方都愿意卖掉自己的品牌，也不是每个创业者都能出得起足够的钱。

对于创业者来说，感觉到难的不仅是法律本身的困扰，还有法律实施标准不同的困扰。比如前文提到的"向迩"商标，以我这个二十年经验的商标从业者的查询判断，应该是没有在先近似商标的，但也不能保证这件商标就一定能核准注册。因为近似商标的判断脱离不了主观性，谁也不能保证判断保持一致。我建议朋友还是不要着急展开业务，等半年后这件商标的注册结果出来后再投入运营。

其实每年新申请的商标有一半左右还是获得了注册，也不能说商标注册难到了多么不能接受的程度。需要改变的还是认识问题，申请人要在对商标品牌问题有清晰认知的基础上作出利弊选择。如果仅仅是以避开一切法律风险为前提，解决的办法也挺简单，选择没有含义的臆造词就可以。臆造组合文字不需要智商，不需要想，只要排列组合就可以，在数以亿计的组合中，总有一个前人尚未申请为商标。所以，无论是理论上还是实践上，只要不是非它不可，总有一个新商标能注册。

48. 没有一个热词能逃过被申请商标的命运

> 有人即使没有把网络热词作为品牌使用的打算，却依然来申请注册，这也是利弊衡量的决定。不过他们的利弊不是在商业使用环境中衡量，而是在投机成功和接受处罚间衡量。

没有一个热词能逃过被申请商标的命运，而命运的齿轮一旦开始转动，结果就福祸难定了。现实中，大部分热词就算是注册了商标，也很少真正作为品牌在市场上使用，所以这些热词商标基本就沉寂在商标登记簿上。虽然随时可能被打捞上来使用，但这使用结果对申请人是利是弊就很确定。

十年前，基本都是"好事"。因为一旦把网络热词注册成为商标，大抵可以卖出一个好价钱。那时候对于商标的囤积注册监管不严，一些人利用注册制的制度大量注册商标，把所有现实存在的名称和不存在固定含义的文字组合差不多都注册为商标，最夸张的时候有一家企业成立两个月，一天就申请了5000余件商标。那时候任何一个网络热词的出现都带来一波商标注册申请的小高潮，完全是不注白不注，谁注就归谁的状态。

2006年7月11日，刘翔在国际田联超级大奖赛洛桑站男子110米栏决赛中，以12秒88打破了已尘封13年之久的世界纪录，成为历史上首位打开12秒90大关的选手。随后三个月内，多名不同的申请人申请了100多件12秒88的商标在各种商品和服务上。18年过去了，这些商标还有不到十件是有效状态。估计真正在市场中作为品牌使用的更少或者就没有。

2016年在里约奥运会女子100米仰泳半决赛中，中国选手傅园慧以58秒95的成绩获得第三，晋级决赛。赛后，记者采访，傅园慧表示自己已经用了"洪荒之力"。于是"洪荒之力"一词迅速走红。在商标圈也相当热闹了一下，甚至有人称为"洪荒之力"商标抢注风波。当时某媒体爆出河北保定音乐人王某将"洪荒之力"抢注成商标，该新闻迅速被各大媒体转载。网友评论也不一致，有人评论王某机智地抓住了商机，也有人炮轰王某不厚道，利用奥运健儿口中的"网络热词"注册商标搞投机。但当时法律人士的口径还是比较统一的，认为撇开道德层面的问题，"洪荒之力"申请注册为商标并不存在法律上的什么问题，这些商标也确实注册了，到现在还是有效注册商标。随后一大批"洪荒之力"商标被提出注册申请，甚至连"红荒之力"都被申请。写这篇文章时，我在淘宝上查询"洪荒之力"品牌，还真有一家洪荒之力钓鱼竿和洪荒之力工业蒸馏水的商品在卖。对于这些真正使用"洪荒之力"商标的商家来说，注册商标是真正起到了保护品牌的基本作用，算是对得起商标法，也是热词商标最有价值的展现。

网络热词商标注册出现法律上的障碍开始于2018年之后。这一年行政机关加强了打击囤积商标注册行为的力度，驳回了一大批囤积注册的商标申请，比如前文提到的那个一天5000余件的商标。2019年修正《商标法》，第4条增加了"不以使用为目的的恶意商标注册申请，应当予以驳回"的规定。随后出台的一系列适用解释，明确大量申请网络热词构成不以使用为目的的恶意商标注册申请的行为，网络热词商标申请越来越多被驳回。

驳回理由基本分为三种：第一种就是构成不以使用为目的的恶意注册商标行为。新冠疫情期间，有人申请了钟南山、火神山等当时最热门的词汇，不仅申请被驳回，申请人和商标代理机构还被罚款。这对于大量抢注商标者来说是命运的重要改变时间点，同时也开始改变从业人员对于抢注商标的认知。不久前某商标群里，好几位商标从业人员对于某抢注商标者一致性给出了主动注销商标的建议，并严正告知不注销可能面临罚款或赔偿的结果。

第二种驳回理由就是认为网络热词缺乏商标显著特征，不易被识别为商标。比如最近申请的"浪浪山"商标驳回理由是：申请商标中"浪浪山"为网络流行词汇，指定使用在第17类绝缘胶带等商品上,不易被相关公众作为区分商品来源的标识加以识别,缺乏商标应有的显著特征。申请人提交的在案证据不能证明申请商标经过使用已具备显著特征。因此,申请商标已构成我国《商标法》第11条第1款第3项规定的不得注册商标的情形。其实"浪浪山"本身仅从标识讲,是再正常不过的商标标识了,如果没有"我想离开浪浪山"的这个网络热梗的话,我个人认为还是可以被识别为商标的。

第三种驳回理由就是网络热词有不良含义,不得作为商标使用。比如"歪歪精"商标的驳回理由是申请商标"歪歪精"系网络流行词语,该文字用作商标注册使用在可可、咖啡等商品上有害于社会主义道德风尚,易产生不良社会影响。虽然这件商标申请人说"歪歪精"作为网络流行语,是形容憨厚、幽默、自嘲的人。"歪歪精"是淮安市第二批市级非物质文化遗产代表性项目名录民间文学类项目。同时,"歪歪精"指"蚌精"。但这些都没有得到行政机关的认可。

虽然网络热词商标注册的环境已经发生了转变,但并没有完全制止网络热词申请注册商标的行为。在眼球经济时代,网络热词带来的流量总是会吸引追逐利益者。有些商家就是真正想把热词借机打造成自己的品牌,这不仅无可厚非,我认为还值得鼓励。商标作为商业标识,不管是多么普通还是奇怪的表达方式,只要作为商标大量使用,最终都被公众将之与使用者建立唯一对应关系,接受其是品牌的事实。商标作为品牌的具体表现形式之一,当然也会被接受。需要知道的是,使用网络流行语作为商标或者品牌,有利有弊。有利的是可以轻易吸引眼球，便于传播和记忆，但因不能制止他人正常使用该词汇，难免也会带来一些混乱。不过万事都有利有弊，商标作为商业领域的标识，本身就是利益的产物。使用者权衡利益之后，应该对于任何结果也会坦然接受。

也还有人即使没有把网络热词作为品牌使用的打算，却依然来申请注册，这也是利弊衡量的决定。不过他们的利弊不是在商业使用环境中衡量，而是在投机成功和接受处罚间衡量。过去网络热词注册商标后直接转卖获得巨大利益的"成功"依然让他们心向往之，因此明知现在行政机关和司法机关严厉打击抢注囤积商标行为，还是抱着不试白不试的心态来申请商标，而且自以为是地采取了隐蔽的手法，如不再一个主体大量注册申请，而是使用多个主体，一个主体只注册少量的商标，等等。这么做，确实也偶尔能逃过审查的监管而获得注册。只是现在群众的眼睛更加雪亮，且相信行政机关一定会对其予以打击，因此通过各种法律途径对这些不当注册商标进行监督。到最后，囤积的商标就算注册了也会被宣告无效，囤积注册商标的行为只会给你的商业信用添一笔不好看的记录。

有人气的地方就会有利益，有利益的地方就会被关注。网络热词永远是人气之所在，因此网络热词也永远不会缺席商标申请注册的领域。希望在层出不穷的热词中，最终也能出现真正的美誉度和知名度一样高的品牌。这应该是网络热词作为商标最前途光明的命运了。

49. 相伴出现却功能不同的认证标志和商标

> 商标是项私权，能注册为商标，从另一角度也说明认证标志的私权属性。一项私权属性的标志能被市场广为认可，并成为公共生活的重要组成部分，这是一件相当不容易的事情。

认证标志是证明产品、服务、管理体系通过认证的专有符号。认证标志认证的内容各有不同，如"中国强制认证"标志 CCC，是我国按照市场化、国际化原则对涉及人身健康安全环保的产品实施的市场准入制度标志。目前 CCC 认证目录共覆盖包括家用电器、电子设备、汽车、玩具等在内的 16 大类 100 种产品。CCC 标志分为不同认证产品，由代表认证种类英文单词缩写字母组成。其中加"S"的 CCC 代表"安全认证"、加"EMC"的 ⓒ 代表"电磁兼容认证"、加"S&E" ⓒ 代表"安全与电磁兼容认证"、加"F"的 ⓒ 代表"消防产品认证"。

认证标志的产生和使用也不一定是由国家主导的,相当多认证标志经营主体就是市场主体,是经过使用宣传最后才被市场广泛接受,比如机电包括民用电器类产品使用的安全保证标志 ⓤ ,其所有人是美国 UL 有限责任公司,是一家民间机构,但现在不论是从美国出口或进入美国市场的产品都必须有该标志。中国人比较熟悉的纯羊毛标志 ⓦ ,也是由市场主体发起使用并逐渐成为全世界接受的认证标志。认证标志不仅使用在商品上,也使用在服务上,比如酒店服务的星级标准认证。由于认证标志的使用让消费者直接信任商品的某项品质,节省了商家和消费者之间的沟通成本。因此,各种认证标志已经成为日常生产生活顺利进行的重要保证。

认证标志是一种标志,商标也是一种标志,两种标志都使用在商品上,二者也就必然地发生着关系。最直接的体现是认证标志和商标常常出现在同一件商品上。任何一个标志所代表的含义其实都是使用者所赋予的。这种含义一旦通过持续宣传和使用让公众接受后,就会慢慢固化下来,成为一种看起来是理所当然的含义。一件商品上出现多个不同功能的标志时,公众也就自然而然地区别开来,不会产生混淆。认证标志表示商品的某种品质,普通商标表示商品来源,功能不同，也就互不冲突地使用在同一件商品上。比如纯羊毛标志 就常常和各个品牌同时出现在羊毛衣商品上。

　　认证标志和商标的另一个更为紧密的关系是绝大多数认证标志注册为商标。绝大多数认证标志的所有人都努力寻求最大限度的法律保护。一来是为了保证认证标志不能乱用，从而削弱其特定作用。二来是因为一般情况下，第三方使用认证标志都是要缴纳一定的费用，注册为商标可以保证标志专用权而实现市场上稳定长效的收益。目前在中国，对于各类标志保护最有效的方式就是注册为商标，因此几乎各种标志都在不遗余力地申请注册为商标。这也是中国商标注册量巨大的一个小小的原因。形成的事实就是，虽然消费者不会把纯羊毛标志 识别为品牌或者商标，但纯羊毛标志 还是早在1983年就在中国注册为商标，而且不仅注册在衣服上，还注册在多个商品和服务上。前文提到的安全保证标志 也是注册商标。

　　商标法其实对认证功能的标志专门设立了证明商标这一类目来予以保护。《商标法》第3条规定，本法所称证明商标，是指由对某种商品或者服务具有监督能力的组织所控制，而由该组织以外的单位或者个人使用于其商品或者服务，用以证明该商品或者服务的原产地、原料、制造方法、质量或者其他特定品质的标志。以我的理解，认证标志妥妥地符合证明商标的规定。比如中国绿色食品发展中心注册的绿色食品标志🟢绿色食品，就注册为证明商标。不过上述的纯羊毛标志🌀和安全保证标志⓾却注册为普通商标。

普通商标和证明商标都享有商标专用权，也都享有禁止他人未经许可不得使用的权利。但二者还是有区别的，普通商标表示商品来源，证明商标表示商品特定品质。普通商标的权利人可以自己使用商标，也可以许可他人使用商标，证明商标所有人自己不能使用证明商标，只能授权他人使用在符合证明品质的商品或服务上。在注册程序上，普通商标要求的材料简单，只要申请人符合主体资格要求就可以，而证明商标则要求写明证明的事项并提交证据证明注册人有监督能力保证证明商标使用可以符合其证明内容。也许就是因为证明商标的注册程序和使用要求要更复杂，一些认证标志的所有人选择了注册为普通商标。

严格上讲，注册为普通商标却使用为认证标志，那么这个认证标志的使用并不能算作商标的使用。但这问题基本不被讨论，因为对实践影响甚微。认证标志要么是国家强制使用，要么是久经市场考验而被主动接受，无论是使用者还是消费者，都不关心这个认证标志是不是商标。注册为商标真正的作用是当他人不经同意使用这个认证标志时，权利人可能适用商标法进行维权。而不管是不是使用或者使用方式如何，只要是注册商标理论上就都能得到法律的保护。

比如国家知识产权局发布 2023 年度知识产权行政保护典型案例中，就有保护⓾商标的案例。2022 年 11 月 17 日，成都市成华区市场监督管理局执法人员根据举报对四川某有限公司进行检查，经查，当事人主要从事质量检测相关服务，在未经⓾商标注册人许可的情况下，在其公司经营场所、微信公众号、相关合同及检测报告等处使用⓾标志，与⓾注册商标构成近似，易导致相关公众产生混淆、误认，侵犯注册商标权用权，依据《商标法》第60条第2款作出41万元罚款的行政处罚。

商标是项私权，能注册为商标，从另一角度也说明认证标志的私权属性。一项私权属性的标志能被市场广为认可，并成为公共生活的重要组成部分，这是一件相当不容易的事情。无论是商标还是认证标志，其出现的原因都是为了节约商家与消费者之间的沟通成本，而一个主体努力经营商标或者认证标志的目的，却只是获得稳定的营利。这也算是商标和认证标志的一个共同点。无论是商标还是认证标志，想要获得稳定的营利，就必须确保享有良好的商誉。商标使用者要确保使用该商标的商品保护持续的稳定的品质和功能，认证标志的权利人也要确保所有的认证标志使用者的产品都具有所认证的品质。也正因为良好的商誉不能轻易获得，所以知名品牌并不多，而被广泛接受的认证标志则更少。

一流企业做标准。认证标志就是被接受的一个标准，因此能够成功地享有认证标志的市场主体基本是一流的企业。拥有认证标志也是很多企业孜孜不倦追求的理想。只是目前我国的绝大多数的认证标志都是由政府来推动实施的，由企业主导而成功的认证标志还没有见到。这也正常，毕竟我国市场经济的历史并不长。我相信，在不久的将来，就如我国拥有越来越多的知名品牌一样，我们应该能见到更多被市场广泛接受的属于私权性质的认证标志。

50. 商标问题到底是不是个法律问题

> 我就坚定地认为商标问题是法律问题，商标代理人自然是法律从业人员。如果不是，说明这人不是合格的商标代理人。

从 2022 年 11 月起，我开始在微信视频号平台直播商标法相关内容，主要是讨论新的商标案例，吸引了一批粉丝定时参与。因为一直保持周二晚上直播不间断，平台每次在直播半小时后还给予推广。可是 2024 年 7 月初的时候，我的直播被平台掐断了，理由是我没有法律资质直播法律问题，属于违规行为。平台作出新的规定，只有执业律师、仲裁员、法学教授等从事相关法律职业的人员才可以从事法律方面的直播。而我只是个退休的商标审查员，资质不行。有粉丝就私信问我为什么不直播了，听到原因后问了一个问题：没有律师执业证,直播商标问题都不行吗?

这真是个有意思的问题。这个问题暗含的意思就是商标问题不算法律问题,因为提问者是商标代理人员,这个问题的另一层含义是商标代理人员也不算法律人员。这不符合我的认知,却符合客观实际。我是坚定认为商标问题是法律问题,商标从业人员自然是法律从业人员。显然视频号平台也这么认为,所以禁止了我的商标法学习直播。但事实上,由于从事商标代理工作没有资质要求,相当多的商标代理人员确实缺乏法律基础,有的甚至只看过一遍商标法就从事商标代理工作了。不敢把自己的工作算作法律工作,倒还算得上有点自知之明。这也导致了一个让从业人员相当难过的现实,一大批缺乏法律基本素养的商标从业人员,让这个行业变得没有职业底线,时不时发生坑蒙拐骗商标申请人的行为,比如商标代理人员抢注委托人的商标,商标代理人向委托人宣传错误的商标知识等。

我思考的是为什么会有人认为商标问题不是法律问题。我还没有找到能够完全说服自己的答案,一个重要的原因可能是商标太常见了,常见到人人在时时处处都能见到,以至于自然而然地产生"不就是个商标嘛"的想法。有这种想法的人肯定不是少数人,因为法律主动解除了对商标从业人员资质的要求,允许任何机构和任何人都认为可以从事这个行业。而在大家最朴素的认知里,法律从来都是专业人士才能从事的行业,法官、检察官、律师更需要通过全国最难考试之一的司法考试,还得实习一年才能有资质执业。一个任何机构和任何人都能从事的行业，当然不能算作专业的法律行业。这个逻辑似乎也没有问题，不过因果关系就混乱了起来。是因为商标不是法律问题所以任何人都可以从事商标代理工作？还是因为任何人都可以从事商标代理工作所以商标不是个法律问题？也不是每个人都为这个问题所困惑，比如我就坚定地认为商标问题是法律问题，商标代理人员自然是法律从业人员，如果不是，说明这人不是合格的商标代理人。

一个行业有太多的不合格的人当然会整体拉低这个行业的水平，对行业进行规范和治理也就很正常。国家知识产权局自2022年12月1日起施行《商标代理监督管理规定》，目的就是规范商标代理行为，提升商标代理服务质量，维护商标代理市场的正常秩序，促进商标代理行业健康发展。该规定第2条对商标代理机构从事的业务范围作了规定，商标代理机构接受委托人的委托，可以以委托人的名义在代理权限范围内依法办理以下事宜：（1）商标注册申请；（2）商标变更、续展、转让、注销；（3）商标异议；（4）商标撤销、无效宣告；（5）商标复审、商标纠纷的处理；（6）其他商标事宜。虽然没有明确"其他商标事宜"是什么，但可以肯定的是不包括代理商标确权和侵权纠纷的诉讼业务，因为法院明确要求诉讼代理人必须是执业律师。也就是说，当商标问题终于走到诉讼程序中，就真正成了法律问题。《商标代理监督管理规定》也对商标代理机构给出了定义："本规定所称商标代理机构，包括经市场主体登记机关依法登记从事商标代理业务的服务机构和从事商标代理业务的律师事务所。"这也意味着,虽然不是法律人员可以从事商标代理业务,律师却不是可以随便从事商标代理业务。

更多人意识到了所有的问题归根结底是人的问题,所以希望通过提高商标代理队伍的整体素质来强化商标的法律性。在加强培训教育的同时,有人建议重新设立从事商标代理业务的资质,杜绝昨天还在卖包子今天就来代理商标业务的情况。有人还希望写进正在修改的商标法中。如果真的通过设立门槛提高商标代理人员的法律素养,首先受益的是行政机关和司法机关,因为和懂法的人打交道可以直接法言法语,能够大量节约本来就相当紧张的行政资源和司法资源。而高效公正的执法,最终受益的是商标权利人和使用人。

我也从事商标行业二十年了,眼见着商标行业的发展和变化,商标法都修改了两次。想到如今还要讨论商标是不是个法律问题,实在是有一点心酸。但我还是要坚定地再次申明,商标不仅是法律问题,还是相当复杂的法律问题,因为商标问题是紧密跟随市场产生的,市场变化则商标变化,商标变化则法律适用变化。这些年有些商标法律规定的适用甚至发生了180°的变化,而法律适用的变化又反过来影响了商标在市场中的使用和认知。这种变来变去让商标问题变得越来越难,甚至让做了N年的老商标律师都生出了"商标是玄学"的感觉。商标当然不是玄学,只不过想要解决好商标问题的要求比较全面,不仅需要有深厚的法律基础,还要有着对市场运行规律的了解;不仅要有解决好一个纠纷的个案思维,还要有服务于品牌发展的长远眼光。

有一位知名人士说过一句话,没有人真正为自己从事的行业感到自豪,因为总会看到行业中各种各样让人不堪的事。从事商标法普及十年,听到的最好的鼓励是一个三十多岁的商标代理人对我说的话,她说她从事商标代理行业十年了,已经心灰意冷,但看到还有我这样真正为商标行业做事的人,又对行业有了信心。这话让我看到了普法的意义和价值,但我也不会自大地认为商标代理行业是因为我才有希望。哪个行业都从来不缺真正做事的专业人,而且商标行业本来就是一个充满希望的百年长青的行业。商标作为商业标识,作为品牌的法律权利体现,是商业社会不可缺少的因素,是有序竞争的良好经济秩序的重要组成。只要每个企业都在追求百年老店,打造知名品牌,商标就永远有价值。一个有前景的行业,当然会吸引优秀的人才,也会发展正确科学的认知。我相信,总有一天,商标是不是属于法律范畴,或者商标代理人是不是法律从业人员,是个不需要讨论的问题。

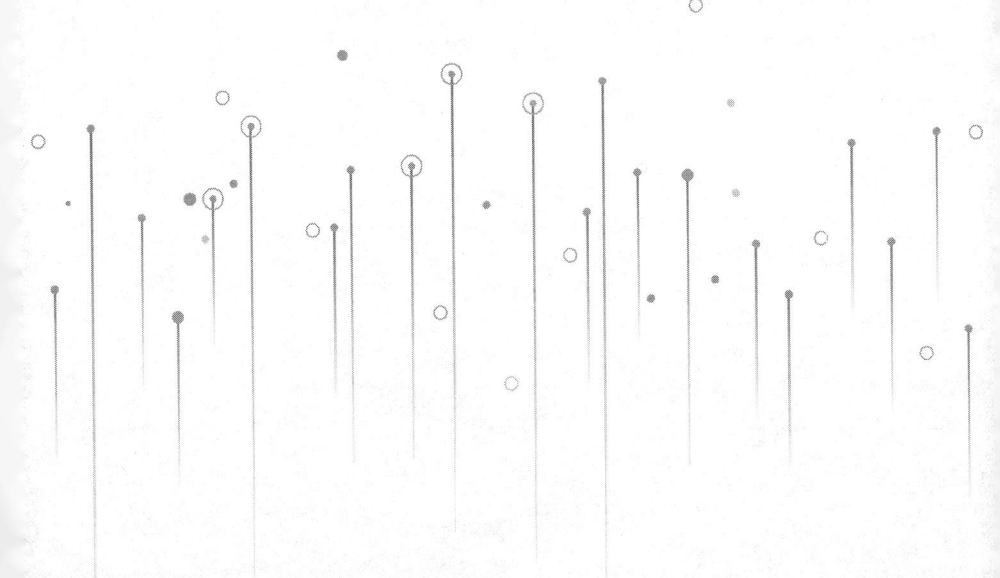

下编

1. 品牌和商标是什么关系？

品牌是市场概念，商标是法律概念。品牌通过注册商标获得权利保护，商标通过品牌使用获得市场价值。

一个品牌的内涵和外延随市场变化而变化，从小品牌到大品牌，从民族品牌到世界品牌，从一个品类的品牌到多个行业的品牌，等等。一个品牌下可能有很多种商品和服务，比如华为品牌有华为电脑、华为手机、华为耳机等各种商品，腾讯品牌有腾讯新闻、腾讯游戏、腾讯微信、腾讯 QQ 邮箱等多种服务。

商标必须和具体的商品或服务结合在一起。一个完整的注册商标包含四个要素：注册人、商品或服务、商标标识、注册号。如腾讯科技（深圳）有限公司注册在第 38 类信息传送等 10 项服务上的第 1962827 号腾讯商标，商标专用期到 2033 年 2 月 27 日止。一件注册商标所包含的内容是固定的，未经行政机关核准不得改变，商标标志本身不能变，指定使用的商品和服务不能变，权利人不能变，专用权期限不能变。

2. 品牌起名要符合《商标法》的规定吗？

品牌起名必须符合《商标法》的规定。品牌使用在具体商品或服务上时，即为商标的使用。《商标法》第10条规定，有的标识不得作为商标使用。如果不得作为商标使用的标识已经注册为商标，国家知识产权局可以主动对该商标宣告无效，任何人亦可以在任何时间向国家知识产权局申请宣告该商标无效。因此，如果品牌名称不符合《商标法》的规定，则不得作为商标使用，这意味着该品牌无法使用。

3. 创建品牌时需要注册商标吗？

需要。品牌未注册为商标，不能获得法律保护，不能制止他人使用同样的商标。如果他人将该品牌标识注册为商标，品牌使用行为还可能侵犯他人的注册商标专用权。为保护自身合法权益，确保品牌能够得到法律保护，创建品牌时要积极主动申请注册商标。《商标法》第4条规定，自然人、法人或者其他组织在生产经营活动中，对其商品或者服务需要取得商标专用权的，应当向国家知识产权局申请商标注册。

4. 商标不注册可以使用吗？

可以使用。商标无论注册还是不注册都可以使用。未注册商标的使用不得侵犯他人注册商标的商标权。诚信使用自己独创的未注册商标，可以得到法律的保护。未注册商标如果被他人抢先注册商标，可以依据《商标法》第 15 条或第 32 条的规定提出商标异议或者请求国家知识产权局宣告注册无效。使用未注册商标在先，不构成侵犯他人在后使用注册的商标专用权，且可以在原有范围内继续使用。

5. 使用未注册商标一定要打上"TM"标志吗？

不用。"TM"为英文 trademark 的缩写，意思就是商标。法律对 TM 标记的使用没有作出规定。使用"TM"标记，与商标是否申请注册、是否获得受理、是否获得初步审定公告、是否被异议、是否获准注册均无对应关系。标注"TM"仅仅表示使用人认为这个标识是作为商标使用的。标注了"TM"也不代表这个标识一定是法律意义上的商标。

6. 注册商标一定要使用®标记吗？

不用。商标获得注册之后，使用时可以标注®标记，也可以什么都不标注。我国《商标法实施条例》第 63 条规定，使用注册商标，可以在商品、商品包装、说明书或者其他附着物上标明"注册商标"或者注册标记。注册标记包括（注）和®。使用注册标记，应当标注在商标的右上角或者右下角。

7. 未注册商标能冒充注册商标使用吗？

不能。商标不注册可以使用，但不能冒充成注册商标使用。《商标法》第 52 条规定，将未注册商标冒充注册商标使用的，或者使用未注册商标违反本法第 10 条规定的，由地方工商行政管理部门予以制止，限期改正，并可以予以通报，违法经营额 5 万元以上的，可以处违法经营额 20% 以下的罚款，没有违法经营额或者违法经营额不足 5 万元的，可以处 1 万元以下的罚款。

冒充注册商标行为的主要表现形式包括：

一是在未申请注册的商标上标明"注册商标"字样或标上注册标记；

二是虽已办理了商标注册申请，但在未核准注册之前就在使用的商标上标明"注册商标"字样或标上注册标记；

三是注册商标被注销或被撤销后，仍继续使用并标明"注册商标"字样或标上注册标记；

四是商标注册人超出了核定使用商品或服务的范围使用注册商标，并标明"注册商标"字样或标上注册标记。

8. 注册商标越早申请越有利吗？

是的。在先申请权是很重要的一项权利，只要比他人商标早一天申请就可以获得这项权利。《商标法》规定，两个或者两个以上的商标注册申请人，在同一种商品或者类似商品上，以相同或者近似的商标申请注册的，初步审定并公告申请在先的商标。同一天申请的商标，初步审定并公告使用在先的商标，驳回其他人的申请，不予公告。因此，同一天申请，要提交证明使用在先的证据材料。如果都没有使用，或者都没有提交证据，则协商解决；协商不成，就抽签决定。

9. 商标注册审查有哪些程序？

一个完整的商标申请审查过程，包括四个程序：初步审查，驳回复审申请，法院一审，法院二审。申请人提出商标申请后，国家知识产权局进行初步审查，如初步审定则公告；如驳回申请，申请人可以进行驳回复审；如再次驳回申请，申请人可以启动司法程序，到北京知识产权法院起诉国家知识产权局；如果北京知识产权法院不支持诉讼请求，还可以到北京市高级人民法院进行二审。在后的三个程序不是必然经历，申请人可以自行决定是否启动后续程序。

10. 商标注册费用有哪些？

商标注册申请一般涉及两部分费用。一是官费，就是向国家知识产权局交的注册费用及后续程序费用。官费是固定的，当下，1 件商标在 1 个商品类别上指定 10 件商品之内费用为 300 元；每超过 1 个商品，加收 30 元；通过网络申请打 9 折，即 270 元。驳回复审的官费是 750 元，起诉费一审二审均是 100 元。商标申请人可以自己办理所有的注册商标程序中的相关事宜，只需要缴纳官费。二是代理费。商标申请人可以委托商标代理人来办理注册事宜，在交纳官费的同时，需要付给商标代理机构代理费用。代理费用根据具体情况由双方商定。

11. 商标申请书如何提交？

商标申请主要方式只有两种：现场递交申请书或者网上递交申请书。现在主要是网上递交。无论是企业自己提交商标注册申请，还是委托商标代理人提交商标注册申请，流程一样。

现场递交商标注册申请书的，商标申请人可以直接在国家知识产权局注册大厅提交申请，地址在北京市西城区茶马南街一号,也可以向国家知识产权局在全国各地设立的商标注册申请受理窗口提交商标申请注册文件。网上递交主要是指商标申请人通过中国商标网提交商标申请注册文件。目前中国商标申请系统(https://sbj.cnipa.gov.cn/sbj/index.html)全面开放,企业、个体工商户等经营主体可自主在中国商标网上进行商标申请。外国申请人按规定是必须委托中国的代理机构提出商标申请。

12. 注册商标的保护期限是多久?

及时续展,可以永久保护。我国《商标法》第39条规定,注册商标的有效期为10年,自核准注册之日起计算。第40条规定注册商标有效期满,需要继续使用的,商标注册人应当在期满前12个月内按照规定办理续展手续;在此期间未能办理的,可以给予6个月的宽展期。每次续展注册的有效期为10年,自该商标上一届有效期满次日起计算。期满未办理续展手续的,注销其注册商标。因此,只要及时续展,商标权是可以永久保护的。

13. 商标可以含有国名、国旗及国徽吗?

一般情况下不可以。我国《商标法》第10条第1款第1

项规定，下列标志不得作为商标使用：同中华人民共和国的国家名称、国旗、国徽、国歌、军旗、军徽、军歌、勋章等相同或者近似的，以及同中央国家机关的名称、标志、所在地特定地点的名称或者标志性建筑物的名称、图形相同的；第1款第2项规定：同外国的国家名称、国旗、国徽、军旗等相同或者近似的，但经该国政府同意的除外。

实践中，含有我国国名的标志，国名既包括中文汉字、拼音，也包括英文；既包括国名全称，也包括简称、缩写。个别情形下，由于特定的原因，有的注册商标含有国名，如中国移动、中国银行、中国石油，等等。

14. 商标可以含有官方标志吗？

不经授权不可以。《商标法》第10条第1款第3～4项规定，下列标志不得作为商标使用：（1）同政府间国际组织的名称、旗帜、徽记等相同或者近似的，但经该组织同意或者不易误导公众的除外；（2）与表明实施控制、予以保证的官方标志、检验印记相同或者近似的，但经授权的除外。这两项规定中均是指特定组织的特定标志，只有在经相关组织授权后才可以使用为商标中的一部分。

15. 商标可以含有"红十字""红新月"标志吗？

不可以。《商标法》第 10 条第 1 款第 5 项规定，下列标志不得作为商标使用：同"红十字"、"红新月"的名称、标志相同或者近似的。实践中，还包括红水晶标志。由于黑白色注册的商标在使用时可以自行改变颜色，实践中审查时并不要求必须是红色的十字才认定为红十字，只要含有十字均有可能适用这一条驳回注册，如 ▣、▣ 等商标。

16. 商标可以含有和民族有关的标识吗？

一般情况下不可以。《商标法》第 10 条第 1 款第 6 项规定，下列标志不得作为商标使用：带有民族歧视性的。虽然该条款仅规定带有歧视性的标识才不可以作为商标使用，但实践中审查较为严格，绝大部分含有民族因素的商标均被驳回申请。比如蛮子、彝图腾等。

17. 商标可以含有被误认为商品原料品质的标识吗？

一般不可以。《商标法》第 10 条第 1 款第 7 项规定，下列标志不得作为商标使用：带有欺骗性，容易使公众对商品的质量等特点或者产地产生误认的。这里的"带有欺骗性"，是指标识对其指定商品或者服务的质量等特点或者来源作了超过其固有程度或与事实不符的表示，容易使公众对商品或者服务的质量等特点或者来源产生错误的认识。这里的误认也不要求实际发生，仅要求容易产生误认的可能性。目前实践中，包含描述商品的质量、主要原料、功能、用途、重量、数量、价格、工艺、技术及其他特点的内容的商标，均被驳回。如**有机淳自然**商标，驳回理由是商标包含字"有机"，其含义为"无污染、天然"，使用在指定的玉米、大麦、植物种子等商品上，易使消费者对商品的原料、品质等特点产生误认。

18. 商标可以包含有宗教含义的元素吗？

一般不可以。如果某个标志有宗教含义，不论相关公众是否能够普遍认知，标志是否已经使用并具有一定知名度，通常可以认为该标志的注册有害于宗教感情、宗教信仰或者民间信仰,具有不良影响。实践中,和宗教有关的事物基本都不会被核准商标注册。特别是商标申请主体为宗教团体、宗教活动场所以外的自然人、法人或其他社会组织,申请宗教场所名称、宗教词汇等作为商标,基本会被驳回,不能注册使用。如 香禅一味 商标、三尊 商标、赵家仙霞 商标,均被国家知识产权局认定有不良影响驳回。

19. 政治热点的词汇可以用作商标吗？

一般不可以。在我国政治热词一般都不得作为商标使用。比如"三个代表"、旗帜鲜明、实事求是、"一带一路"、"不忘初心"等。直接使用涉及国家利益的词汇如雄安特区、秋收起义、港珠澳大桥亦不能作为商标使用。近似的、谐音的、变相的也不可以,比如某申请人在服装上申请了商标"雄特步落"和"安特步落"、"新特步落"、"区特步落",四件商标放在一起审视,其商标首字组合为"雄安新区",因此四件商标均被驳回。涉及外国的一些政治事件上的词汇也不得作为商标使用,比如普京、特朗普、"9·11"、"ISIS"等。

20. 格调不高的词汇可以作为商标使用吗？

不可以。商标作为标识在市场中广泛使用，格调不高的词汇可能损害社会主义道德风尚，具有不良影响，不能使用为商标。一个词语中只要有其中一个含义具有格调不高的意思，就不能作为商标使用，比如"叫了个鸡""叫个鸭子"。在特定环境有格调不高的意思的词语也不可以，比如"goingdown"这个词，在电梯里使用时和"goingup"相对应，表示"下去"的意思，但是在网络语境中也指"够淫荡"，该词不得作为商标使用。

21. 烈士的名字可以用作商标吗？

一般不可以。《英雄烈士保护法》第 22 条规定，任何组织和个人不得将英雄烈士的姓名、肖像用于或者变相用于商标、商业广告，损害英雄烈士的名誉、荣誉。因此，实践中，商标审查时会查询中华英烈网，如果发现申请商标和烈士名字相同，则驳回该商标申请。不过标志本身为申请人姓名、企业字号、社会组织简称，虽与烈士姓名相同，但不易使社会公众与烈士姓名产生联想，不易损害烈士荣誉、名誉和公众的爱国情怀的，可以注册为商标。比如冯唐，虽与烈士同名，但因是知名作家张海鹏的笔名，经过其多年使用宣传，"冯唐"作为张海鹏的笔名已经具有较高的知名度，因此核准注册。

22. 什么标识天然具有商标显著特征？

商业标识本身与其指定使用的商品或服务的关联程度越低，商标就越具有天然显著特征。商标显著特征一般分为三个层次：一是标识本身没有含义，比如海尔、腾讯、百度等；二是有含义但和使用的商品或服务没有关系，如长城葡萄酒、大白兔奶糖等；三是虽然有点关系，但也不直接表示商品的品质、原料等特点，如飘柔洗发水、美团外卖等。总的来讲，没有固定文字含义的臆造词、臆造图案等属于天然显著性强的商标。

23. 什么标识不具有商标显著特征？

不能被识别为商标的标识不具有商标显著特征。商标只有能起到区分商品或服务来源的作用，才具有商标显著特征，可以注册。不是所有的标识都可以被识别为商标，太过简单的标识或者太过复杂的事物一般情况下很难被识别为商标，如一条直线、一幅复杂的画等。也有一些其他标识很难被识别为商标,如企业名称、外观装潢、商品名称、商品品质原料产地等特点的说明、产品本身的形状、广告语等。

24. 不具有天然商标显著性的标识能通过使用获得显著性吗?

能。有的标识本身和使用的商品或服务关系密切,可能表达了商品的原料、功能等特点,有的标识本身是普通的商业用语或者生活词汇,不易被作为商标识别,但如果长期作为商标使用,相关公众最终可以把它识别为商标,从而起到标示商品和服务的作用,就是通过使用获得商标显著特征,可以注册为商标。比如"黑又亮"表示鞋油的品质,"两面针"表示牙膏的原料,一般情况下不会被识别为商标,但商家大量作为商标使用,最后也具有了商标显著性,获准注册。

25. 企业全称可以注册为商标吗?

一般不可以。企业全称、企业字号和商标是不同的商业标识,分别起着不同的作用。如腾讯科技(深圳)有限公司是企业全称、"腾讯"是字号,"腾讯"也是腾讯公司的主品牌。腾讯可以注册为商标,但企业全称"腾讯科技(深圳)有限公司"一般不能注册为商标。因为相关公众不易将企业名称作为商标识别,缺乏商标应有的显著性特征。实践中,由于各种原因，也有部分企业的全称作为商标或者商标的一部分获准注册。

26. 广告语是否需要注册为商标？

一般不需要。广告语和商标是不同的商业标识，企业也不会把广告语作为品牌使用，不需要商标法保护。广告语不会因为长期作为广告使用被相关公众熟知而成为商标。因此大部分广告语由于不能被识别为商标而不能获准注册。只有当广告语本身作为一个标识也可以被识别为商标、具有商标显著特征时，才可以注册为商标。广告语注册为商标也不能阻止他人作为说明性文字使用。

27. 自然人姓名可以注册商标吗？

一般可以。自然人享有姓名权，可以自己也可以授权他人用自己的姓名注册商标并使用。不经同意，不得擅自将他人姓名注册为商标。姓名权不仅包括真名，即身份证上的名字，也包括艺名、别名、笔名、姓名拼音等，它们均享有姓名权。但如果自然人姓名和英烈姓名相同，还需能够证明不损害英烈的荣誉。如果自然人和名人相同，一般要获得名人的许可，或者证明不易让相关公众认为该商标易和名人有所关联。如果是去世的名人,则要证明该商标的使用不会带来不良影响。

28. 自然人肖像可以注册为商标吗?

可以。自然人享有肖像权,可以自己也可以授权他人用自己的肖像注册商标并使用。不经同意,不得擅自将他人肖像注册为商标。肖像分两种:第一种是照片;第二种是绘画肖像。照片和绘画肖像均涉及著作权问题,需要著作权人和肖像权人都同意才可以作为商标使用和注册。公民死亡后,肖像权灭失,但实践中,以过世人物肖像作为商标申请一般还是要有该公民生前的授权或者利害关系人的同意。

29. 虚拟角色名字可以注册为商标吗?

可以,但必须经过虚拟角色权利人的允许,否则构成侵权。虚拟角色是指小说、电影、动画、游戏等作品中角色的名字,因为不是生活中真实的自然人,所以不享有姓名权,角色名字一般不享有著作权,但因为能带来商业利益,因此被称为商品化权益。

目前我国法律没有对商品化权益作出明确规定。一般认为,商品化权益是对某些特定对象进行商业性利用或者许可他人进行商业性使用的权益。商品化权益的对象比较广泛，包括现实生活中的名人名字及形象，也包括电影电视、文学作品等中虚构的具有一定知名度的角色形象、名称以及作品名称本身。

30. 外观设计可以注册为商标吗？

符合商标显著性要求的外观设计可以注册为商标。不经权利人同意，把他人权利有效期间的外观设计用来申请注册商标属于侵权行为。外观设计，属于专利法的保护对象，是指对产品的形状、图案或者其结合以及色彩与形状、图案的结合所做出的富有美感并适于工业应用的新设计。外观设计和商标是两种不同的权利。外观设计注册为商标分两种情况：一是外观设计本身具有商标显著性；二是外观设计由于长期使用而具有商品来源识别功能，可以注册为平面商标或立体商标。实践中，大多数外观设计由于设计复杂，不能被识别为商标，难以注册为商标。

31. APP 或者公众号名字是商标吗？

大部分是。企业自行开发提供的各种商品和服务的 APP，比如美图秀秀、美团、微信等名称的作用就是让消费者区分这项服务的来源，因此是商标。功能性 APP，比如华为手机自带的计算器、闹钟等，这类 APP 的名称直接表明的就是这款 APP 的功能，表达方式也是正常的通用词汇，不是商标。

微信公众号与 APP 类似。仅表示内容的一般不是商标，如读书，如果还有其他显著识别部分的话，一般就是商标，如十点读书。不过有些表示内容的公众号名称如果经使用具有较高知名度和公众号形成唯一对应关系的话，也可以成为商标。

APP 或者公众号提供了什么商品和服务，商标就是使用在什么商品或服务上。比如一个 APP 是专门卖鞋的，商标就是使用在鞋商品上，一个 APP 提供的商品或服务较多，比如微信、美团，商标就使用在多个商品或服务上。

32. 地名可以注册为商标吗？

《商标法》第 10 条第 2 款规定，县级以上行政区划的地名或者公众知晓的外国地名，不得作为商标。但是，地名具有其他含义或者作为集体商标、证明商标组成部分的除外；已经注册的使用地名的商标继续有效。这里的第二含义是指地名本身还有固定的意思，如来宾、平安等。实践中，县级以下的行政区划可以注册为商标，但该名称如果容易使公众对商品的质量等特点或者产地产生误认的，则不得作为商标使用。

地名具有一定的公共资源属性,《商标法》规定,注册商标中含有地名,注册商标专用权人无权禁止他人正当使用。因此,地名商标使用易与地名的使用之间产生纠纷。比如某住所地在千岛湖的自然人,在酒商品上注册了"千岛湖"商标,而另一家酒厂也位于千岛湖,酿酒使用的水来源于千岛湖,他们若在进行广告宣传使用了"千岛湖古酿白酒""源自千岛湖秀水成佳酿""源自千岛湖的生态健康酒"这样的文字,虽然属于正当使用,但还是易与"千岛湖"酒产生混淆。

33. 颜色组合可以注册为商标吗?

可以。颜色组合商标不是普通的带有颜色或指定颜色的平面商标,也不是单一的颜色。颜色组合商标是指由两种或两种以上颜色,以一定的比例、按照一定的排列顺序组合而成的商标。颜色组合商标仅由颜色构成,不限定具体形状,保护对象是以特定方式使用的颜色组合本身。比如金霸王电池的外观由黄铜色和黑色按照一定比例组成的颜色组合商标,保护的就是黄铜色和黑色的固定组合,而不是电池的外观。

颜色组合商标在商品上使用时,可以用于商品的全部或部分,也可以用于商品包装的全部或部分,颜色组合商标在服务上使用时,可以用于服务所需载体,比如快递服务过程中的包装箱、运输工具或快递员的服装,或是服务场所的外部装饰和内部装潢等。一般情况下,颜色组合商标缺乏固有显著特征，需要通过长期或广泛的使用，与申请主体产生稳定联系，具备区分商品或服务来源的功能，才能取得显著特征，获准注册。

不是所有的颜色组合大量使用了，都可以作为商标注册，仅有指定使用商品的天然颜色，商品本身或者包装物以及服务场所通用或者常用颜色，不足以起到区别商品或服务来源作用的，缺乏显著特征，不能注册为商标。比如，黄色和橘色被普遍适用于安全标记，红色经常用在灾难警告标记上，绿色大多作为环保标记使用。这些颜色的使用不是商标的使用。

34. 声音可以注册为商标吗？

可以。声音商标是指由用以区别商品或服务来源的声音本身构成的商标。声音商标可以由音乐性质的声音构成，如一段乐曲。它可以由非音乐性质的声音构成，如自然界的声音、人或动物的声音，也可以由音乐性质与非音乐性质兼有的声音构成。一般情况下，声音商标缺乏固有显著特征，需要通过长期或广泛的使用，与申请主体产生稳定联系，具备区分商品或服务来源的功能，才能取得显著特征，获准注册。

仅仅是功能性的声音不能获准注册。功能性声音是指声音由商品本身性质所产生，或者是商品使用的必然结果，如报警系统的警笛声、叮咚叮咚的门铃声、洗衣机转动时的马达声等，这些声音都不可能经过使用被识别为商标。

35. 三维标志可以注册为商标吗？

可以。三维标志商标习惯称作立体商标。三维标志商标是指仅由三维标志或者由含有其他要素的三维标志构成的商标。三维标志商标可以表现为商品自身的三维形状、商品包装或容器的三维形状或者其他三维标志。如孔乙己立体雕塑商标是餐饮服务上的三维标志商标，其与服务没有特定关系。以三维标志申请注册商标的，仅由商品自身的性质产生的形状、为获得技术效果而需有的商品形状或者使商品具有实质性价值的形状，不得注册。但如果通过大量使用可以起到区分商品来源的作用，可视为具有商标显著特征。

如费列罗巧克力的球形外观获得注册（见图2）。

图2 费列罗巧克力球形外观

需要说明的是，由于缺乏显著特征的三维形状和具有显著特征的平面要素组合而成的三维标志商标即使获得注册，也不表示该缺乏显著特征的三维形状本身获得了商标专用权保护，如 Heineken 商标，该商标权利人不能仅就不具有显著特征的三维形状单独主张权利。

36. 动画、位置和气味等新型商标能注册吗？

我国目前不接受"动画商标"、"全息商标"、"仅由色彩构成的商标"、"气味商标"以及"位置商标"等商标的注册。

"动画商标"是指文字或图形等随着时间的经过而发生变化的商标。"全息商标"是指文字或图形等根据全息术或其他方法而发生变化的商标。"仅由色彩构成的商标"是指仅由单色或者多种色彩组合构成的商标，与颜色组合商标的最大不同是，色彩可以是单色，而且也不一定要求是固定的使用形状。"气味商标"就是以某种特殊气味作为区别不同商品和不同服务项目的商标。"位置商标"是指将图形等标注在商品等上的特定位置加以固定的商标。

不同国家接受新型商标的情况不一样，如日本除了不接受气味商标注册，其他类型商标都接受注册，而法国、英国、新西兰、俄罗斯、美国都接受气味商标注册。

37. 地理标志可以注册为商标吗？

地理标志可以注册为集体商标或证明商标。地理标志是指标示某商品来源于某地区，该商品的特定质量、信誉或者其他特征，主要由该地区的自然因素或者人文因素所决定的标志，如"库尔勒香梨""烟台苹果""盘锦大米"等。地理标志是一项独立的知识产权。地理标志在不同国家保护方式不同，有的通过专门法律法规保护，有的通过商标法保护。目前我国实现并行制度，地理标志可以通过注册为集体商标和证明商标来保护，也可以通过专门的《地理标志产品保护规定》来保护。实践中，地理标志一般作为区域公共品牌的一种，采取多种方式保护。

38. 什么是集体商标？

集体商标是以团体、协会或者其他组织名义注册，供该组织成员在商事活动中使用，以表明使用者在该组织中的成员资格的标志。只要不违反商标法规定的名称都可以注册为集体商标，不一定要求含有表示集体的内容。比如"爱国主义志愿者"集体商标，"四川扶贫"集体商标，"山东一百"集体商标，"丽水山耕"集体商标等。

集体商标与普通商标的不同点是：集体商标表明商品或服务来自某组织，因而有着该组织具有的共同的品质和特点，普通商标则表明来自某一具体经营者。

集体商标包含三个含义：一是集体商标的注册主体是团体、协会或者其他组织；二是集体商标由该组织的成员共同使用，不是该组织的成员不能使用，注册集体商标的组织自己也不能使用；三是使用集体商标表明该使用者属于该集体，并且提供的商品或服务有某种特别的品质。

39. 什么是证明商标？

证明商标是指由某种商品或者服务具有监督能力的组织所控制，而由该组织以外的单位或者个人使用于其商品或服务，用于证明该商品或者服务的原产地、原料、制造方法、质量或者其他特定品质的标志。

证明商标有三个特点：一是证明商标的注册人必须具有相应资格，即应当具备监督管理能力，但又不能是政府部门。和集体商标不同，证明商标的注册人不一定是集体组织，公司或其他组织也可以，如美国 UL 有限责任公司注册了安全产品标志。二是证明商标表明了一种特定的品质，但这个品质并不一定是很特别。"绿色食品"标志、"真皮"标志、纯羊毛标志、"饭店星级标志"等，都是证明商标。三是证明商标的使用是开放性的，凡符合证明商标使用管理规则所规定条件的，在履行该证明商标使用管理规则规定的手续后，可以使用该证明商标，注册人不得拒绝办理手续。

40. 驰名商标是荣誉还是事实？

驰名商标不是荣誉，是对商标使用知名度事实的认定。驰名商标是知识产权领域重要的法律概念。驰名商标保护是商标法的重要内容之一，从保护驰名商标持有人利益和维护公平竞争及消费者权益出发，对可能利用驰名商标的知名度和声誉造成市场混淆或者公众误认，致使驰名商标持有人的利益可能受到损害的商标注册行为予以禁止，从而为驰名商标提供相对于普通商标更为有力的法律保护。驰名商标事实认定，是指对一个商标在某一时间点是否达到相关公众广为知悉程度这一事实的确认，以确定该商标保护的范围。

41. 驰名商标保护的三个原则是什么？

目前认定驰名商标一般遵循三个原则：一是个案认定原则；二是被动保护原则；三是按需认定原则。

个案认定原则，也称个案有效。驰名商标认定是基于特定案件审理的需要，针对特定时间节点事实状态的认定，通常只在特定案件中、针对特定时间节点、针对特定的案件当事人有效。在其他案件中认定驰名商标，依然要提交相关证据。前案有过驰名商标保护的记录，可以作为证据在其他案件中提交。

被动保护原则是指商标注册部门和司法机关可以在具体的商标案件中应当事人的请求就其商标是否是驰名商标进行事实认定，并在事实认定的基础上作出决定或裁决。当事人未主张驰名商标保护的，商标注册部门和司法机关不予主动认定。

按需认定原则是指在一个具体的案件中，如果必须认定驰名商标才能保护权利人的正当权益，就属于需要认定驰名商标。如果不必认定驰名商标的事实，权利人的正当权益也能得到保护，就不需要认定驰名商标。

42. 什么是商标优先权？

优先权制度是我国因承担国际义务而实行的一项制度，来自《保护工业产权巴黎条约》。我国的商标申请人在其他巴黎公约成员国也一样可以享有优先权。产生优先权有两种途径：一种是在先在外国商标申请日，可以视为在本国的商标申请日，虽然在本国提出的申请日比较晚。我国《商标法》规定，商标注册申请人自其商标在外国第一次提出商标注册申请之日起6个月内，又在中国就相同商品以同一商标提出商标注册申请的，依照该外国同中国签订的协议或者共同参加的国际条约,或者按照相互承认优先权的原则,可以享有优先权。

另一种途径是展览。《商标法》规定:"商标在中国政府主办的或者承认的国际展览会展出的商品上首次使用的,自该商品展出之日起六个月内,该商标的注册申请人可以享有优先权。"

由于在先申请商标可以阻止在先申请的相同近似商标注册,所以优先权非常重要。实践中,目前我国商标约4个月完成初步审查,早于优先权的6个月时间,可能会造成晚于优先权日期的他人商标申请将会被初步审定或注册。在这种情况下,优先权人可以以享有优先权为理由提出异议或无效宣告申请。

43. 什么是商标国际注册?

商标国际注册是指通过马德里商标国际注册体系在外国注册商标。马德里商标国际注册体系包括《商标国际注册马德里协定》和《商标国际注册马德里协定有关议定书》。中国的商标注册人可以通过国际注册体系到其他国家注册商标,其他国家的商标注册人可以到中国来注册。

马德里商标国际注册体系可以节省商标注册成本。一是节省时间成本,一次申请,多国注册。比如我国企业想到美国、欧洲或者任何一个马德里体系成员国注册商标,只需要向国际局提出一份申请，再分别指定具体的国家就可以了，而不需要到每个国家单独申请一次。且国际申请是交给我国国家知识产权局，再由国家知识产权局向国际局转交。目前我国商标国际注册的流程使用的语言是英语和法语。二是可以节省费用。马德里商标国际注册体系的费用仅是单独到一个国家注册费用的 1/5～1/10。这还不包括律师费。因为绝大多数国家要求外国注册人到本国注册，需要委托注册国的律师或商标代理人来办理。而国际注册因为是向注册人国家的知识产权部门提出，请本国的律师就可以，甚至不请律师也可以。三是节省后期管理的投入。马德里商标在国际局登记以后，办理注册人名称地址变更或者办理转让，或者 10 年到期需要办理续展，都是通过一份申请，就可以完成在所有指定国家的注册人名址变更、转让或者续展业务。

44. 什么是商标国际注册中心打击？

马德里商标国际注册体系设计了一个很重要的制度：中心打击制度。中心打击制度的基本意思是，申请商标国际注册必须在国内有在先商标注册申请或者在先注册商标，在国际注册之日起 5 年内，不管什么原因，如果国内的商标注册申请没有被核准，或者国内的商标注册被撤销或者宣告无效，那么国际注册也就同时失效。

国内商标注册被撤销或无效的事由发生在 5 年内就适用

该规定，即使真正被撤销或无效时已经超过了 5 年。比如在国际注册第 4 年时，有人对国内注册商标提出了 3 年不使用撤销。这件撤销案件经过国家知识产权局审理、复审、法院一审、二审，可能要 3 年后才作出最后的撤销决定，此时国际注册已经第 7 年了，但依然会自动撤销，还在中心打击范围内。因为中心打击的后果严重，马德里商标体系设计了一个救济的途径，国内商标注册人可以把国际注册转化成当地国的单一国家注册。

45. 在外国注册申请商标需要请当地国的律师吗？

大多数国家要求外国的商标注册人委托当地专业机构，一般是律师，来完成申请商标的一系列程序。《日本商标法》规定，国外注册人可以通过日本特许厅网站提交商标注册申请，而美国、欧盟、南美、南亚等绝大多数国家和地区都要求聘请当地的律师提交申请。我国也规定，外国注册人需要委托商标代理机构才可以在我国提出商标注册申请，或者办理商标相关事宜。

46. 囤积注册商标会被处罚吗？

会。《商标法》第 10 条规定"不以使用为目的的恶意商标注册申请，应当予以驳回"，无论是审查阶段、提出异议和请求宣告无效程序中，都可以适用。国家知识产权局制定的《关于规范商标申请注册行为的若干规定》，对申请人、商标代理机构的恶意申请商标注册、恶意诉讼行为规定了处罚措施。

目前，以下行为一般会认定为不以使用为目的的囤积商标行为：大量摹仿、抢注他人驰名商标或其他较高知名度商标，大量抢注知名人物姓名、知名企业商号，大量囤积地名、风景区名称、山川名称、公共文化艺术资源、行业术语等公共资源，以及针对同一企业驰名商标或其他较高知名度商标反复恶意抢注的行为等。

47. 防御商标受法律保护吗？

目前，商标法没有规定防御商标概念，防御商标的正当性无法可依。防御商标是企业为了不让他人注册商标而自己注册的可能不会使用的商标。比如"大白兔"奶糖的生产厂家注册了大灰兔、大黑兔、小白兔等。大量注册防御商标势必增加不会使用的注册商标，浪费了有限的行政资源和司法资源，有违商标法保护市场上实际使用商标的初衷。目前对于大量注册防御商标的行为，也有案例认定是属于《商标法》第4条所指的不以使用为目的的恶意注册商标的情形。因此，防御商标可以注册，但并非越多越好。是否注册防御商标，注册多少件防御商标，企业要根据经营需要和当下的审查标准，具体问题具体分析。

48. 每个企业都需要注册第 35 类服务上的商标吗？

不需要。只有提供第 35 类服务的企业才需要注册。商标注册使用的商品和服务区分表中的第 35 类服务包括由个人或组织提供的广告、商业经营、商业管理、办公事务等服务，具体包括以下群组：【3501】广告【3502】工商管理辅助业【3503】替他人推销【3504】人事管理辅助业【3505】商业企业迁移【3506】办公事务【3507】财会【3508】单一服【3509】药品、医疗用品或批发服务。总的来说，这些服务都是为其他商业机构提供的商业服务，这些服务的消费者本身就是商业主体。企业为自己做的推销产品、做广告、财务、办公事务，人事管理等事项，都不属于商业服务，因此是不需要第 35 类服务的商标，也不会侵犯他人的商标。

需要注册第 35 类商标的一般包括以下企业：提供广告、策划、设计类出租车的文化创意广告业公司，提供招聘服务及人事管理等类型的公司（猎头公司），提供销售交易服务的公司，以及进出口贸易类公司、商业管理咨询服务类公司、会计财务类公司、办公服务类公司、提供医药服务的药店及大型电商平台和大型超市等。

49. 注册商标的通信地址不变更有什么后果？

严重的可能会丧失商标权。商标注册后权利不是一直稳定，可能被他人提出撤销申请或宣告无效申请。国家知识产权局收到撤销申请或宣告无效申请后，会将答辩通知寄往商标登记簿上的通信地址。如果这个地址没有及时变更，可能会收不到相关答辩，不能及时答辩和提交证据，有可能导致商标被撤销或宣告无效。目前，国家知识产权局推行网上商标案件网上申请，电子送达相关答辩通知，因此电子送达地址发生变化后也一样要及时变更。

50. 注册商标不按期续展会有什么后果？

注册商标不续展将会被注销，他人的商标就会获得注册。《商标法》规定，注册商标的有效期为 10 年，自核准注册之日起计算。注册商标有效期满，需要继续使用的，商标注册人应当在期满前 12 个月内按照规定办理续展手续；在此期间未能办理的，可以给予 6 个月的宽展期。每次续展注册的有效期为 10 年，自该商标上一届有效期满次日起计算。期满未办理续展手续的，注销其注册商标。

商标续展申请可以注册人自己在网上提出申请，也可以委托在国家知识产权局备案的代理机构办理。目前商标续展注册费收费为 500 元，过期后的宽展期内续展要加收迟延费 250 元，网上提出申请打九折。国家知识产权局对商标续展注册申请审查后，核发商标续展证明，不再另发商标注册证，原商标注册证与商标续展证明一起使用。

51. 什么情况下注册共有商标？

一件商标由两个或两个以上的主体共同享有，叫共有商标。《商标法》规定，两个以上的自然人、法人或者其他组织可以共同向国家知识产权局申请注册同一商标，共同享有和行使该商标专用权。注册商标是品牌的法律保护形式，当两个或两个以上的主体合作共创一个品牌，为了不让对方独占商标权，可以共同注册商标。

共有商标的权利归属于所有申请人，对于涉及权利的实质变化的事项，如共有商标撤回申请、变更、更正、质权登记、续展、注销以及提起侵权诉讼等，应当经所有商标共有人一致同意，共同办理。为了程序简捷，申请人可以指定一个代表人，代表人为相关文书的送达对象，只要送达一份就视为对所有共有人送达。共有商标所有人之间互相转让，比如三个人共有改为两个人共有，或者都归为一个人所有，需要办理商标转让，且转让须经全体共有人一致同意。

52. 企业注销时注册商标怎么处理？

商标权是企业的一项财产。企业在注销前，要对商标权做出处置，可以直接申请注销注册商标，也可以通过合同将商标转让于他人名下。如果公司注销时没有对商标做出处理，注册商标只要还在有效期间内，不会因为企业的注销当然失效。企业注销后，注册商标可以继续办理转移手续。这时对于商标权的归属，企业注销时的清算报告中如有明确约定，则从其约定；若无约定或者约定不明，则可由原公司的全体股东将商标等无形资产作为公司注销清算时遗漏的财产予以处理。

53. 注册商标可以继承吗？

可以。商标的注册人是自然人的，个体工商户的财产视为自然人的财产，当自然人死亡后，注册商标是一项可以被继承的遗产。这项遗产的继承也要遵守继承法的规定，由有继承权的人来继承，办理商标权转移手续。

54. 商标注册后必须规范使用吗？

是的。商标法规定，注册商标的专用权，以核准注册的商标和核定使用的商品为限。也就是说，不可以改变注册商标的标识或者使用在其他商品上。如果商标注册人在使用注册商标的过程中，自行改变注册商标、注册人名义、地址或者其他注册事项的，由地方工商行政管理部门责令限期改正；期满不改正的，由国家知识产权局撤销其注册商标。实践中，实际使用的商标标志与核准注册的商标标志有细微差别，如变个字体、变个颜色、变个大小、变个组合方式等但未改变其显著特征的，可以视为注册商标的使用。

55. 一件商品上可以使用多件商标吗？

可以。一件商品上并不一定只使用一件商标，有时会使用两个甚至多个商标。实践中，很多大品牌旗下的系列商品都会同时使用两个或两个以上的商标。比如伊利的舒化奶盒上有3件商标打着®标记：一件是伊利，表示主品牌；第二件是舒化，表示子品牌；第三件是FSC及图证明商标，表示包装符合森林管理委员会的相关标准，即木质纤维来源质量高且可追溯。可口可乐商品上共有4件商标：可口可乐、

coke、cocacola 以及弧形瓶本身，这个瓶子本身就是一件商标。

56. 多件商标组合使用时应该注意什么？

　　重点注意两点。一是要可以轻松识别出多件商标，而不是一件商标。图形和文字分别作为商标使用时，如果两件商标组合太紧密，容易识别为一件商标。因此，两件商标可以使用在不同的地方，如一件商标在包装的上边部分，另一件在下边部分，也可以分别标注注册商标标志®或者 TM 标志。

　　二是不能侵犯他人合法商标权。虽然两件都是注册商标，但组合在一起使用时，会被误认为是他人的一件注册商标的话，可能涉嫌侵权。如有人注册了两个商标，"九经"和"牧典"，组合在一起易被人识别为"九牧经典"，会构成对他人在先注册商标"九牧"的侵权。"益"、"达"和"extra"三件注册商标若组合使用在牙膏上，则会侵犯"益达 extra"商标权。

57. 商标为退化为商品名称吗？

　　会。当相关公众对一个标识的认知不是商标，而是商品通用名称时，这个标识即使已经注册商标，也会因退化成商品名称而被撤销。84 消毒液、优盘、木糖醇、阿司匹林、席梦思、莱卡，等等，最初都是商标，后来退化为商品的通用名称。

防止商标退化为商品名称，最主要的责任人就是企业自己。一是在设计商标时更具标识感，比如文字和图形结合出现，相关公众就更易识别为商标，而不是商品名称。二是在使用商标时注意不要采用易让人理解为商品名称的方式，而是强调这是商标（品牌）。三是发现有退化倾向时，积极维权，制止他人特别是竞争对手把商标用作商品名称。

58. 注册商标不使用一定会被撤销吗？

会。《商标法》第 49 条规定，注册商标成为其核定使用的商品的通用名称或者没有正当理由连续 3 年不使用的，任何单位或者个人可以向国家知识产权局申请撤销该注册商标。国家知识产权局应当自收到申请之日起 9 个月内作出决定。有特殊情况需要延长的，经国务院工商行政管理部门批准，可以延长 3 个月。因此，商标只要注册后，只有连续 3 年没有正当理由未使用，才可能会被撤销注册。

59. 商标使用了也可能被撤销吗？

会。如果商标注册人不能提交证据证明商标在指定商品上使用，有可能会被撤销。注册商标被他人提出 3 年不使用撤销申请后，国家知识产权局会通知商标注册人提交指定期间内的商标使用证据。如果商标注册人未提交证据或者提交的证据不能证明该商标在指定期间内使用在指定商品或服务上，则有可能被撤销注册。因此，注册人要规范使用商标，产生有效的商标使用证据，并保存好相关证据，确保随时能提交形成完美证据链的证据，来证明自己的注册商标是使用的。

60. 什么样的证据能证明商标已使用？

商标使用是指将商标用于商品、商品包装或者容器以及商品交易文书上，或者将商标用于广告宣传、展览以及其他商业活动中。证明商标使用，要求证据同时出现商标标识、使用的商品或服务、使用时间、商标使用人。如果无法在同一份证据上体现所有的要素，则几份互相佐证的证据必须体现这些要素。企业在日常的商标使用中，要注意产生合格的证据并保存好这些证据，在能写上商标的地方都写上商标，比如合同上、包装上以及公司的各种办公用品上、信纸上、信封上、网站上、票据上等。

61. 服务商标使用在什么地方？

服务是一种行为，没办法附着商标，因此商标会使用在和服务相关的物品上。关键点就是这些场所和物品是提供该项服务所必需的。一般情形下，服务商标可以使用在服务场所、服务招牌、服务工具，带有服务商标的名片、明信片、赠品等服务用品以及带有服务商标的账册、发票合同等商业交易文书，广告及其他宣传用品、为提供服务所使用的其他物品，等等。

如果在提供服务的同时也提供商品，那么物品上的商标就需要具体认定是否为服务上的商标。如星巴克本来是提供咖啡馆服务，却也售卖猫爪杯，这时就要区分杯子上的星巴克商标是服务商标还是商品商标。喝咖啡时，是服务商标；买杯子时，就是商品商标。

62. 商标有哪些实现价值的途径？

商标通过使用成为品牌之后，具有了知名度和美誉度，本身就具备市场价值，可以通过转让、许可、出资、质押等多种方式实现。商标转让须经国家知识产权局核准。商标许可需要向国家知识产权局备案，不备案许可也可以成立，但不得对抗善意第三人。商标出资就是以商标作为出资资本，商标权利人成为企业的股东。商标质押就是以商标为抵押物获得融资。

63. 受让商标要注意哪些问题？

受让商标时，最重要的是要查证该商标是否为一件权利完整的商标。

一是查核拟转让商标是否处于撤销申请、无效宣告等不稳定状态，如商标被撤销或无效宣告，则转让方将失去该商标专用权，受让到的是一件未注册商标。二是查核拟转让商标专用权是否已被质押，如已被质押，商标专用权无法转让。三是查核拟转让商标是否为共有商标，如为共有商标，则应由全体共有人共同作为转让方签署《商标转让合同》。四是查核转让商标有关的许可情况，正常情况下，转让并不能改变许可合同的履行，原来的被许可人可以继续使用这件商标的，如果是独占许可，受让人自己也是不能使用的。五是查核出让人是否有相同近似商标，若转让方在相同或类似商品上存在相同或近似商标，应一并转让至受让方；如未一并转让，国家知识产权局将通知限期改正，期满未改正的，将被视为放弃商标转让申请。

64. 商标许可要签订许可合同吗？

要。许可合同分为两种：一是口头合同；二是书面合同。两种合同都有效。但是为了不产生纠纷或者产生纠纷时能顺利解决，最好签订书面合同。许可合同要写明许可人、被许可人、许可的商标、许可的方式、许可的时间、许可的商品或服务以及许可费用等内容。

65. 三种商标许可方式有什么区别？

商标许可有三种方式：普通许可、排他许可和独占许可。普通许可，可以许可给多个被许可人使用，商标注册人也可以自己使用；排他许可，只许可给一个被许可人使用，商标注册人自己也可以使用；独占许可，只能被许可人使用，商标注册人自己也不能使用。独占许可协议签署后，商标权利人使用自己的商标，还有可能"自己侵犯自己的商标权"。

在侵权诉讼中，三种许可方式中的被许可人享有不同的诉讼权利。普通许可的被许可人不能单独提出侵权诉讼，普通被许可人只有取得许可人明确授权或与权利人一起提起诉讼。排他许可的被许可人，如果权利人放弃诉权的，不损害和妨碍排他被许可人继续主张权利。独占许可的独占被许可人可以直接以自己名义起诉的权利，不必取得权利人授权。

66. 被许可人使用商标产生的商誉归谁？

被许可人通过使用，使商标产生了知名度和美誉度，由于商誉是承载于商标之上，不能脱离商标而独立存在，二者无法进行现实的分离，这些美誉也归于商标权利人（许可人）。也就是说，不管被许可人花了多少时间、金钱、智慧打造了商标的美誉，一旦商标许可关系结束，这些价值和美誉就会随着商标一起归于许可人。

67. 商标出资要注意什么问题？

我国《公司法》规定，股东可以用货币出资，也可以用实物、知识产权、土地使用权等可以用货币估价并可以依法转让的非货币财产作价出资。商标属于知识产权的一种，可以用来出资。

用商标出资需要注意三个问题：

一是商标权没有瑕疵。必须是已由国家知识产权局颁发商标注册证的商标，正在申请过程中或公告期内的，不得作为出资。

二是商标价值的确定。根据《公司法》的规定："对于用来出资的非货币财产应评估作价,核实财产,不得高估或故意低估作价。"用注册商标权出资,需要进行评估。评估机构需要有评估资格,包括资产评估事务所、会计师事务所、审计事务所、财务咨询公司等。

三是要及时办理相关手续。以注册商标所有权出资的,依照《商标法》及《商标法实施细则》关于商标权转让及使用许可的有关规定,办理商标转让,将商标的注册人变更为新成立的公司。

68. 商标质押要注意什么问题?

商标权质押贷款是指企业和其他经济组织、个人以其合法拥有的注册商标专用权为质押,向银行申请贷款,并按照合同约定按期偿还贷款本息的融资方式。

商标质押融资要注意三个问题。一是保证企业对注册商标拥有稳定且无争议的权利。二是及时了解当地政府对商标质押融资的优惠政策。目前,各地政府部门大多对于真正进行商标质押贷款的企业给予一定的补贴或者设立专项担保金,予以担保。三是要事前和银行进行充分沟通。商标权质押比起不动产抵押,获得的贷款比例较低。多数银行采取"组合质押"的方式,让企业以质押商标为主,辅之以一定的有形资产,如厂房、机器、住房等。

69. 商标维权必须主动提起吗?

是的。商标权是私权,权利的处置理论上完全由权利人决定。目前除在商标申请审查时,国家知识产权局会主动审查申请商标是否和在先商标构成同一种或类似商品上的近似商标之外,其他的维权行为都要由权利人主动启动程序。要不要维权,什么时候维权,通过哪个途径维权,都由权利人自主决定。目前侵权维权途径主要有三个:一是行政投诉,就是向市场监管部门等负有相关职责的行政机关投诉,提供侵权线索。行政机关依法查处侵权者,处以停止侵权、没收所得、行政罚款等措施。二是向法院起诉,请求法院依据商标法或反不正当竞争法,判决对方停止侵权、赔偿损失等。三是刑事举报,对涉及犯罪的侵权行为由检察院提起公诉。此外,通过律师函警告、向网络平台投诉等方式也可以实现维权的目的。

70. 商标初步审查和驳回复审有什么区别?

商标注册申请在初步审查时被驳回后,申请人可以提出驳回复审。这是法律赋予商标申请人的救济程序。初步审查和驳回复审的区别在于:

一是驳回复审程序中，与在先商标权的冲突可能消失。在先商标可能因为多种原因失去权利，如在先申请的商标被驳回，在先初步审定的商标在异议程序中被不予注册，在先注册商标因3年不使用或其他理由被撤销，或者被宣告无效，或者在先商标未续展失效，在先商标与申请商标的所有人经变更或转让变成同一人等。只要初步审查驳回引证的在先商标权与申请商标不存在冲突了，申请商标都可以在驳回复审予以初步审定。二是驳回复审审查内容更全面。初步审查时，审查因素只有商标标识和商品，驳回复审时，申请人阐述使用商标的理由和提交商标使用证据，审查员可以考虑更多因素来作出决定，更有可能作出符合客观实际的决定。三是商标审查不可避免地存在主观因素。商标审查有着较强的自由裁量权，在法律规定的范围内观点不同也属正常。初步审查和驳回复审由不同的审查员审查。不同的审查员可能得出不一样审查结果。

71. 启动商标异议程序有什么后果？

《商标法》规定，对初步审定公告的商标，自公告之日起3个月内，在先权利人、利害关系人认为该商标的注册侵犯了其在先权利的，可以提出异议。或者任何人认为该商标标识不应注册为商标的，可以向国家知识产权局提出异议。

异议权非常重要。异议人启动异议程序后，国家知识产权局需要审理异议理由是否成立。异议理由成立,则不予商标核准注册;异议理由不成立,则予以申请商标核准注册。审查期限9~12个月,也就意味着提出异议申请,被异议商标的注册时间至少要推迟9个月。

72. 注册商标无效宣告和撤销有什么区别?

注册商标可以被撤销,也可以被宣告无效,二者的法律后果不同。商标撤销的主要原因是未使用或使用不当,而商标被宣告无效的主要原因是该商标侵犯他人在先权利或该商标标识不应注册为商标。撤销注册商标,在撤销前,这件商标的注册还是有效的,只是由于某种原因不能继续享有注册商标权利,撤销后商标注册失效。商标被宣告无效的,则表示这件商标的注册自始无效,也就是说,这件商标之前的核准注册也是不应该的。

73. 商标标识不近似就不构成近似商标吗?

不一定。近似商标是指使用在同一种或类似商标上的两件商标,在消费者施以一般注意力的情况下,会对商品或服务产生混淆误认。近似商标与两个商标标识本身相似并不画等号。两个外观近似的标识作为商标共存,大概率会导致消费者的混淆；但两个本身不那么近似的标识，在市场上实际使用时，也可能会导致消费者的混淆。比如"胖子"和"月半之子"，仅看商标标识区别明显，但在实际使用中，月半之子淡化"之"字，靠紧"月""半"，很容易让消费者识别为"胖子"，这两件商标构成近似商标。因此，商标标识近似只是判断是否会导致混淆误认的因素，只要两件商标共存可能导致消费者对商品来源的混淆误认，就构成商标法所指的近似商标。

74. 发现他人申请注册和自己商标近似的商标怎么办？

应及时提出异议申请或者无效宣告申请。由于各种原因，在商标初步审查时，很难把近似商标全部驳回申请，有些商标就会予以初步审定，如果在先商标权利人没有及时提出异议，商标就会核准注册。

提出异议申请和无效宣告申请要注意两个问题：一是在法定期限内提出。提出异议必须是在商标初步审定公告的3个月之内。无效宣告申请则是在商标注册后5年内（驰名商标权利人除外）提出。二是以享有在先商标权为理由提出异议申请和无效宣告申请，需要证明自己是在先商标的权利人或者利害关系人。商标注册人、商标被许可使用人、商标合法的继受人都属于权利人或利害关系人。

75. 自己在先使用的商标被他人抢注了怎么办？

可以提出异议或者无效宣告申请。《商标法》第 15 条规定，未经授权，代理人或者代表人以自己的名义将被代理人或者被代表人的商标进行注册，被代理人或者被代表人提出异议的，不予注册并禁止使用。

就同一种商品或者类似商品申请注册的商标与他人在先使用的未注册商标相同或者近似，申请人与该他人具有前款规定以外的合同、业务往来关系或者其他关系而明知该他人商标存在，该他人提出异议的，不予注册。

《商标法》第 32 条规定，注册商标不得以不正当手段抢先注册他人已经使用并有一定影响的商标。

上述规定都是对在先的使用未注册商标的保护。保护范围随着商标的知名度扩大。如果抢注人是代理人或者代表人，不要求在先商标提交使用证据。如果抢注人是有特定关系人，如亲属关系、劳动关系、营业地址邻近、就达成合同、业务往来关系进行过磋商但未达成合同、业务往来关系等，需要提交证据证明在先商标已经使用。如果抢注人是没有关系的人，则需要提交证据证明在先商标经使用有一定知名度，抢注人应知该商标的存在。

76. 商标被他人登记为字号怎么办？

可以请求法院认定为不正当竞争行为，要求侵权人变更企业字号。商标法规定，将他人注册商标、未注册的驰名商标作为企业名称中的字号使用，误导公众，构成不正当竞争行为的，依照反不正当竞争法处理。

企业名称与商标都是商业标识。企业名称的主要功能是区分不同经营主体，商标的主要功能是识别、指示商品或服务来源。由于企业名称也可以直接表示商品的来源，二者在功能上存在一定的重合之处。因此，企业名称登记时，应该对他人在先注册且具有一定知名度的商标作合理避让。如果经营者利用取得企业名称注册的方式借助他人文字注册商标的影响力，开展经营活动，误导公众，损害商标权利人的合法权益，极可能构成不正当竞争行为。

77. 企业字号和他人不知名商标一样时怎么办？

由于商标注册和企业字号登记是在不同的部门，在商标没有知名度的情况下，字号登记可能会善意"巧合"他人商标。在没有主观侵权意图的情形下，规范使用字号一般不构成对他人在先不知名商标的侵权行为。规范使用字号，就是不突出使用字号,使用企业全称时不让字号部分加重加大或变颜色,不把字号作为商标使用。实践中,如果客观上字号的使用方式会被相关公众识别为商标,就不属于规范使用字号。需要说明的是,一般情形下,企业的 LOGO 即使写着字号也会被识别为商标。

78. 商标和域名发生纠纷时保护原则是什么?

基本原则是保护在先诚信使用的一方。域名和商标都是商业标识。当域名的主要识别部分和商标相同或近似时,双方就可能产生混淆误认,从而产生纠纷。

如果把他人的知名域名抢注为商标,域名权人可以向国家知识产权局提出商标异议,请求不予该商标核准注册;或者提出商标无效宣告申请,请求国家知识产权局宣告该商标无效。

如果把他人商标注册为域名,商标权人可以请求域名争议解决机构处理,也可以向法院起诉对方侵犯自己的商标权或构成不正当竞争行为。我国的域名争议解决机构为由中国互联网络信息中心认可并授权的中国国际经济贸易仲裁委员会域名争议解决中心。

79. 他人把自己的作品抢注为商标怎么办？

受著作权法保护的作品享有著作权。他人把自己的作品注册为商标，著作权人或者利害关系人可以在初步审定公告期间提出异议申请，或者在商标注册5年内提出无效宣告申请。只要提交的证据能证明该商标标识与在先作品构成实质性相似，且商标注册人有接触到作品的可能性，就可以得到审理机关的支持，对侵权商标不予注册或者宣告无效。特别说明经过设计且符合著作权要求的商标标识，本身也是受保护的作品，自动享有著作权。

80. 为什么有的商标"分明是侵犯他人的在先权利"却还能维持注册？

商标注册如果超过5年，除驰名商标外的其他在先权利将不受法律保护。商标法规定，已经注册的商标是侵犯他人在先权利的，自商标注册之日起5年内，在先权利人或者利害关系人可以请求国家知识产权宣告该注册商标无效。对恶意注册的，驰名商标所有人不受5年的时间限制。因此，除了驰名商标所有人之外的其他权利人，如姓名权、商号权、著作权、商标权、外观设计专利权等其他在先权益，在商标注册5年后提出权利保护，将不会得到法律支持。

81. 什么行为是侵犯商标专用权行为？

商标侵权行为需要具体问题具体分析，一般情形下，以下行为构成侵犯商标专用权行为：

（1）未经商标注册人的许可，在同一种商品上使用与其注册商标相同的商标的。

（2）未经商标注册人的许可，在同一种商品上使用与其注册商标近似的商标，或者在类似商品上使用与其注册商标相同或者近似的商标，容易导致混淆的；在同一种商品或者类似商品上将与他人注册商标相同或者近似的标志作为商品名称或者商品装潢使用，误导公众的。

（3）销售侵犯注册商标专用权的商品的。

（4）伪造、擅自制造他人注册商标标识或者销售伪造、擅自制造的注册商标标识的。

（5）未经商标注册人同意，更换其注册商标并将该更换商标的商品又投入市场的。

（6）故意为侵犯他人商标专用权行为提供便利条件，帮助他人实施侵犯商标专用权行为的；这里的便利条件包括：为侵犯他人商标专用权提供仓储、运输、邮寄、印制、隐匿、经营场所、网络商品交易平台等。

（7）给他人的注册商标专用权造成其他损害的，包括如下行为：将与他人注册商标相同或者相近似的文字作为企业的字号在相同或者类似商品上突出使用，容易使相关公众产生误认的；复制、摹仿、翻译他人注册的驰名商标或其主要部分在不相同或者不相类似商品上作为商标使用，误导公众，致使该驰名商标注册人的利益可能受到损害的；将与他人注册商标相同或者相近似的文字注册为域名，并且通过该域名进行相关商品交易的电子商务，容易使相关公众产生误认的；将他人商标故意用作商品通用名称的，等等。

82. 制止侵权时要作行为保全吗？

根据具体情况决定。行为保全措施就是指商标侵权案件还没有审理完毕，法院还没有作出最终的侵权判决之前，就先责令涉嫌侵权方作出一定行为或者禁止其作出一定行为；属于预防性和禁止性的救济方式。知识产权侵权案件不同于一般的民事侵权，可能带来无法挽回的侵权后果，不能过分强调损害结果的发生，知识产权行为保全措施的施行，从程序上为权利人得到及时救济提供了保障。

行为保全措施，分为诉前保全和诉中保全。诉前行为保全是指在提起诉讼或者仲裁前，因情况紧急，为保护当事人的权利免受损害，权利人或者利害关系人申请法院责令侵权人作出或者禁止其作出一定行为的行为保护措施，禁令申请、审查、裁定及执行都发生在权利人提起侵权诉讼之前。诉中行为保全是指对于已经提起诉讼或仲裁的当事人，其在诉讼、仲裁过程中向法院申请行为保全措施。申请行为保全措施，申请人应当提供担保，不提供担保的，裁定驳回申请。

83. 商标侵权赔偿如何确定？

侵犯商标专用权的赔偿数额，按照权利人因被侵权所受到的实际损失确定；实际损失难以确定的，可以按照侵权人因侵权所获得的利益确定；权利人的损失或者侵权人获得的利益难以确定的，参照该商标许可使用费的倍数合理确定。对恶意侵犯商标专用权，情节严重的，可以在按照上述方法确定数额的1倍以上5倍以下确定赔偿数额。赔偿数额应当包括权利人为制止侵权行为所支付的合理开支。权利人因被侵权所受到的实际损失、侵权人因侵权所获得的利益、注册商标许可使用费难以确定的，由人民法院根据侵权行为的情节判决给予500万元以下的赔偿。

84. 什么情况构成滥用商标权？

商标权的取得和行使均应遵守诚实信用原则。当事人违反诚实信用原则，以非善意取得的商标权对他人的正当使用行为提起侵权之诉，不仅损害他人合法权益，也扰乱了市场公平竞争秩序，构成权利滥用。以不正当方式取得的商标权为基础提出侵权诉讼请求的,法律不予支持。如果在明知自己申请注册商标行为具有不正当性的情况下,还对正当商标使用人发送侵权警告函、提起工商投诉,这种以攫取不正当商业利益、损害他人合法权益为主要目的行使涉案商标专用权行为,违反诚实信用原则,构成滥用商标权的不正当竞争行为。他人为维护自身正当权益、应对滥用商标权行为所支出的必要费用,属于因滥用商标权行为所导致的直接经济损失,滥用商标权依法应当承担赔偿责任。因此,商标权利人主张侵权保护时,要审视自身的商标权利的取得是否存在权利瑕疵。

85. 侵犯商标权可能涉嫌犯罪吗?

可能。在《中华人民共和国刑法》中,有3个罪名和商标有关:第一个是"假冒注册商标罪",即未经注册商标所有人许可,在同一种商品上使用与其注册商标相同的商标,情节严重的。

第二个是"销售假冒注册商标的商品罪",即销售明知是假冒注册商标的商品,销售金额数额较大的。

第三个是"非法制造、销售非法制造的注册商标标识罪",即伪造、擅自制造他人注册商标标识或者销售伪造、擅自制造的注册商标标识,情节严重的。

犯罪成立后,处罚的最高刑期是10年,而且追究刑事责任也不能免除民事赔偿责任。法院审判阶段，维权方就可以提起刑事附带民事诉讼要求侵权人赔偿损失，也可在刑事审判程序终结、刑事判决生效后另行提起民事诉讼要求商标侵权人赔偿损失。

86. 被指控商标侵权后怎么办？

应及时做好不侵权抗辩工作。商标权利人提起商标侵权指控，只是商标权利人认为发生了侵权行为，然而是否真的发生侵权行为，还需要行政机关和司法机关来认定。因此，被指控商标侵权后，要从以下五个方面做好抗辩。

一是证明规范使用了自己或他人授权的注册商标。一件规范使用的注册商标不构成对另一个注册商标的侵权。二是证明正当使用商标标识。商标法规定注册商标中含有的本商品的通用名称、图形、型号，或者直接表示商品的质量、主要原料、功能、用途、重量、数量及其他特点，或者含有的地名，注册商标专用权人无权禁止他人正当使用。三是证明使用的商标与权利商标不构成相同或近似商标，不会给权利人带来损害。四是证明在权利商标申请日前在先使用该商标。商标注册人申请商标注册前，他人已经在同一种商品或者类似商品上先于商标注册人使用与注册商标相同或者近似并有一定影响的商标的，注册商标专用权人无权禁止该使用人在原使用范围内继续使用该商标，但可以要求其附加适当区别标识。五是审查对方的商标权取得是否存在权利瑕疵，如构成恶意抢注情形，如果在先商标权取得存在不正当性，可以认为对方的侵权指挥构成滥用商标权，也可以向国家知识产权局申请对其宣告无效，并请求暂停侵权案件审理。

87. 被控销售侵犯商标权的商品后，什么情况不能适用合理来源抗辩？

商标法规定，销售不知道是侵犯注册商标专用权的商品，能证明该商品是自己合法取得并说明提供者的，不承担赔偿责任。但是销售三种商品不能适用合理来源抗辩。一是销售"三无"产品。"三无"产品即使有合法来源，一般也需承担赔偿责任。二是销售知名商标权的产品。对于名牌产品，销售者更应该加以更多的注意力，审查是否是傍名牌的产品，如果销售者对此没有审查，则具有重大过失。特别是销售专业性商品，专业性越高、营业规模越大，就越应承担更高的注意力责任。三是销售进口商品。进口商仅提供证据证明进口的商品履行了合法的进口手续，不能认定具有"合法来源"。因为商标保护是地域性的，如果某国外厂商的商标未能在中国注册，进口到中国境内销售，而中国境内该商标的注册人为其他人的，这时进口商就不能以合法来源来抗辩，否则大家都可以通过进口这一方式来避开国内的商标权了。

88. 什么是商标权利用尽？

我国商标法没有明确规定"权利用尽"制度，但是在实践中，权利用尽这个概念被学术界和执法界基本接受。商标权利用尽也叫商标权利穷竭，是指标识商标权的商品经由商标权人或被许可人在内的商标权主体以合法方式销售或转让后，商标权主体对该特定商品上的商标权即告穷竭，无权禁止他人在市场上再行销售该产品或直接使用。也就是说，当品牌方第一次正式销售商品后，他人的再销售、转销、分销行为，卖二手商品等一般都不涉及商标侵权。

但是，在商业宣传中存在贬损、误导相关公众的行为，比如故意贬低质量或者把二手商品说成新品等行为，可能影响商标所形成的内在商誉，可能损害商标权人的合法利益的，可能构成商标侵权。

89. 确认不侵权之诉指什么？

商标的确认不侵权之诉，是指商标使用人主动要求法院确认自己的商标使用行为没有侵犯被告注册商标权。确认不侵权之诉是由当事人提起的一种民事诉讼。起诉的条件有三个：一是原告受到了内容明确的侵权警告，比如对方明确说你的商标使用侵权了他的商标专用权；二是这个自称被侵权方未在合理期间内启动争议解决程序，就是他不到法院起诉也不到行政机关投诉；三是提起确认不侵权之诉的原告合法权益受到或者可能受到损害。

90. 商标维权向电商平台投诉要注意什么？

电商平台投诉是指商标权利人向侵权行为所在平台进行投诉，要求平台方对侵权行为采取行动。这些行动通常包括对被投诉商品采取下架处理，或对被投诉的内容采取删除、屏蔽、断开链接等必要措施。各平台都有自己的投诉流程，也会明确公示操作指南。投诉方要按照电商平台投诉指南线上提交相关材料。基本流程包括投诉人注册平台账号、投诉人提交权利凭证并经平台审核、针对侵权链接提交投诉申请并经平台审核、被投诉人申诉并经平台审核、平台认定申诉成立或者不成立作出处理决定。

权利人在投诉时要注意三点：一是提交有效的权利凭证，如商标注册证、许可合同等；二是提交证明侵权行为存在的证据，这需要提前取证并做相应保存；三是根据不同平台要求提供相应的证据。如果是错误投诉造成平台内经营者损害的，依法承担民事责任。恶意发出错误通知，造成平台内经营者损失的，加倍承担赔偿责任。

91. 向行政机关进行商标侵权行政投诉时，投诉人要做什么准备？

商标权受到侵害时，商标注册人或者利害关系人可以向人民法院起诉，也可以请求工商行政管理部门处理，也就是可以进行行政投诉。向市场监督管理部门投诉前，权利人需要有一定的证据能够证明确实存在侵权行为，以便行政机关受理投诉并开展进一步的查处工作。权利人须尽可能地进行较为完善的侵权调查，如落实侵权具体产品及数量、制假售假的窝点与仓库、侵权主体性质及其是否为重复侵权者等，并获取一定的侵权证据，如涉嫌侵权产品的实物或照片、窝点与仓库的现场照片、购买侵权产品的发票或收据、固化侵权行为的公证文书等。行政管理机关审核投诉材料决定受理案件后，将视科室内人员、积压案件多少进行查处的排期，通常可在1个月内进行；现场查处完毕后，一般3个月内出具行政处罚决定书，重大复杂案件结案时间则一般延至6个月。此外，针对已达刑事犯罪标准的案件，工商行政管理机关将移交相关公安部门进行立案侦查。

92. 出口保护商标权要做海关备案吗？

要。我国禁止侵犯知识产权的货物进出口，海关有权依法对侵权产品进行查扣。商标权利人在海关备案后,等于装了一道安检门,由海关人员对进出口物品进行随时检查,对于防止侵权起到了很大的作用。知识产权海关保护备案自海关总署准予备案之日起生效,有效期为10年,有效期届满前6个月内,向海关总署申请续展备案。每次续展备案的有效期为10年。

93. 商标行政裁定和决定可以诉讼到法院吗?

绝大多数事关商标的行政裁定、决定都可以到法院提出行政诉讼。国家知识产权局作出的裁定或者决定最后都会写有权利救济的告知。只要写着对本决定或裁定不服,可以向北京知识产权法院起诉的,当事人都可以提出行政诉讼。对驳回复审决定、不予注册复审决定、商标无效宣告裁定、撤销复审决定不服的,都可以在收到通知后的30日内向北京知识产权法院提起行政诉讼。对地方市场监督管理部门作出的各种行政处罚不服的,也可以向当地的有管辖权的法院提起行政诉讼。行政诉讼的费用统一是100元。如果委托了律师代理起诉,律师费双方协商确定。

94. 调解方式解决商标纠纷有什么优点?

商标权属纠纷、商标侵权纠纷、商标合同纠纷等都可以通过调解来解决。相对于诉讼而言，调解解决商标纠纷具有灵活性、高效性、保密性三个优点。

调解程序更具灵活性。调解没有法定的严格程序，也无须仅仅按照法律规则确定双方的权利义务和责任，只要在不违反道德、惯例、法律等基本原则的基础上，考量双方的利益、双方未来关系的发展、纠纷解决的紧迫性、双方的实力和态度等因素，就可以达成双方共赢的协议。

调解程序具有高效性。只要双方愿意，调解程序随时可以沟通。沟通的时间、地点、方式都很灵活，诉求也可以临时变更，更有效率。

调解程序具有保密性。通过调解双方自愿达成的协议，双方可以选择公之于众，也可以选择秘不示人。而行政裁定和法院判决则一般都是公开的。商标权比较专业，涉及法律问题较多，建议选择专业基础深厚、信誉良好的个人或机构来进行调解。

95. 仲裁方式解决商标纠纷有什么优点？

商标许可合同或者特许加盟合同等纠纷，可以选择仲裁来解决。仲裁是以当事人自愿为前提解决纠纷的一种法律制度，是双方当事人在争议发生前或发生后达成协议，自愿将争议提交双方同意的第三者进行裁决，并且自愿执行裁决的解决争议的方法。仲裁制度的基本原则就是意思自治。

仲裁的优点有四个：一是灵活性。仲裁机构不是国家机关，而是一种民间机构。我国有上百家仲裁机构。当事人可自主选择仲裁方式、仲裁机构、仲裁人员、仲裁事项、仲裁地点、仲裁法律等，不受非法干预，承受选择结果。

二是专业性。仲裁机构自己选择聘任仲裁员，从把工作做好实现盈利的角度讲，仲裁机构也会选择那些优秀的人员，特别是各个领域的专家来做仲裁员。

三是高效性。仲裁是一审终审，没有违反法定事由（主要是程序上的问题）的话，法院不能推翻仲裁决定，大多数情况下，如果一方请求法院强制执行仲裁裁定的话，法院都会予以支持。

四是私密性。仲裁不公开进行，仲裁裁定也不公开公布。

仲裁必须双方同意，且有明确的仲裁约定，最好在合同中明确约定仲裁条款，比如写明如发生纠纷可以选择某某仲裁机构仲裁。当然，也可以在发生争议后补充仲裁协议。

96. 商标案件审理为什么坚持个案性原则？

商标案件审理坚持"个案审查"原则，目的是努力实现审查审理结果更加符合实际。商标作为商业标志，在市场中有着多种存在方式，且随着商业模式的变化而不停变化。每个商标案件都有其特殊性，比如诉争商标和引证商标的标识、使用的商品或服务、商标的显著特征、使用方式、知名度、商标注册人的主观心理状态、案件的参与人情况等各有不同。同时审理理念也随着时代发展在发生变化，因此商标案件审理必须根据具体情况具体分析，以在案证据查明的事实为基础，依法作出审查审理决定。

97. 企业要建立商标使用证据档案吗？

要，而且必须建立。任何案件的审理都是建立在当事人提交的在案证据证明的事实之上，因此提交证据非常重要。企业品牌做得越好，可能越会遇到更多的商标纠纷，解决这些纠纷除协商以外，大部分需要第三方（行政机关或司法机关）的介入。提交商标使用证据是赢得审理机关支持的关键所在。因此，企业要建立商标使用证据档案，教育所属人员提高保留证据的意识和形成良好的保留证据的行为习惯。证据充分，小律师也能打赢官司；没有证据，大律师也无可奈何。

98. 企业需要设立专人管理商标事务吗？

需要。企业经营的声誉最终都会归于品牌之上，而品牌的权利保护需要确保注册商标权的稳定。商标是绝大多数企业最重要的财产之一，必须有专人管理。小企业可以设兼职人员，中型企业可以让法务人员负责，大型企业的法务部可以设立知识产权专员。考虑到商标法专业性强且经济高效原则，企业也可以外包给专业机构完成日常性事务，如动态监测商标权利状态及他人侵权行为等。

99. 处理商标具体事宜要委托商标代理人吗？

最好委托。虽然当事人可以自己办理商标事宜，但商标专业性强且个案性强，委托专业人士办理更有可能得到好的结果。商标代理机构由两部分组成：一是普通的知识产权代理企业，二是律师事务所。商标确权授权的行政程序事宜，包括商标申请、异议、无效宣告、撤销、续展、转让等，这些事情只要是商标代理机构一般都可承担。涉及法院的事项，则一般需要律师来处理，包括行政确权案件和侵权案件的起诉与答辩。商标代理机构和人员素质参差不齐，但优秀代理人大多有三个特点：一是口碑好，二是不乱承诺"包赢包过"，三是收费合理。

100. 赢得商标案件的基本原则是什么？

诚实信用原则。《商标法》第7条规定，申请注册和使用商标，应当遵循诚实信用原则。虽然这一条作为原则性条款很少在具体案件中适用，目前只偶尔在商标异议案件中适用，但事实上在所有的商标案件中，诚实信用原则都是审查员和法官考量的重要因素。诚信经营的那一方，永远更有可能得到行政机关和人民法院的支持。